知心書

新知書

醒醒吧，老好人！

CESSEZ D' ÊTRE GENTIL SOYEZ VRAI!
ÊTRE AVEC LES AUTRES EN RESTANT SOI-MÊME

Thomas d'Ansembourg

[法] 托马斯·德·昂桑布尔 著 祝华 译

生活·讀書·新知 三联书店 生活書店出版有限公司

图书在版编目（CIP）数据

醒醒吧，老好人！/（法）托马斯·德·昂桑布尔著；祝华译.—北京：生活书店出版有限公司，2018.7

ISBN 978-7-80768-185-4

Ⅰ.①醒… Ⅱ.①托… ②祝… Ⅲ.①人际关系–通俗读物 Ⅳ.①C912.11-49

中国版本图书馆CIP数据核字(2018)第040206号

策 划 人　李　娟
责任编辑　李方晴
封面设计　视觉共振设计工作室
版式设计　申亚文化
责任印制　常宁强
出版发行　生活書店出版有限公司
（北京市东城区美术馆东街22号）
图　　字　01-2017-4875
邮　　编　100010
经　　销　新华书店
印　　刷　北京市松源印刷有限公司
版　　次　2018年7月北京第1版
2018年7月北京第1次印刷
开　　本　880毫米×1230毫米　1/32　印张 9.5
字　　数　185千字
印　　数　00,001–15,000册
定　　价　56.00元
（印装查询：010–64052612；邮购查询：010–84010542）

在一个越变越小的鸟笼里，我从一个栖架飞到另一个栖架，而笼子的门敞开着，大开着。

——久洛·伊耶什[1]

我的历史从我决定不再像人们攀登一部下行的自动扶梯那样生活的那一天开始。

——帕斯卡·德·迪夫[2]

1 久洛·伊耶什（Gyula Illyes，1902—1983），匈牙利诗人。
2 帕斯卡·德·迪夫（Pascal De Duve，1964—1993），比利时诗人。

献给我的妻子瓦莱丽、

我们的孩子卡米耶和安娜，

满怀爱与尊重。

序　停止做老好人，做自己

居伊 · 科尔诺[1]

在尊重他人和尊重自我的基础上表达自己的真实想法，这就是我们邀请托马斯·德·昂桑布尔（Thomas d'Ansembourg）阐述的课题。他借这本书向我们发出了邀请，建议我们真正深入我们与自己和与他人对话方式的核心。我们将从中学会重新规划自我表达的方式，也就是"说出真话"的方式。这一尝试结束后，我们会获得更靠近他人和更靠近自己的喜悦，会获得向他人敞开心扉的幸福。在这一尝试过程中，我们有可能会抛弃习以为常的随和的含糊其词，抵达一个由选择与自由构成的世界。

1　居伊 · 科尔诺（Guy Corneau），荣格人格分析心理学家，其作品《父不父，子不子》（*Père manquant, fils manqué*）、《斗争中的爱》（*L'amour en guerre*）、《心灵治愈》（*La guérison du coeur*）、《他人的受害者，自己的刽子手》（*Victime des autres, bourreau de soi-même*）等被翻译成多国语言。本书作者和他共事了10余年。——编者注

“多么妙的课题！多么棒的计划！”人们可能会赞叹。在不要触碰这一话题或只是轻描淡写地带出事物的表面——即人们向自己以外的世界传达的信息——的风气下，托马斯·德·昂桑布尔建议的方法对每个人的心理大厦提出了质疑。这是一项要求严苛的创举，因为要做到清晰地陈述我们内心的想法，就得拆除无意识的包装。这是一项革命性的创举，因为在这条道路上，我们会发现清晰地“说出真话”的计划暴露了我们的脆弱，证明了我们的傲慢。这是一个颠覆性的计划，因为它凸显了我们对事物放任自流的倾向，我们担心讲真话会妨碍别人，也担心别人反过来会妨碍我们自己。这是一个具有挑战性和刺激性的计划，因为它引导每个人努力改变自己，而不是等待他人改变。

当我在撒哈拉沙漠中跋涉的时候，我就了解了非暴力沟通的全部潜力。在让－玛丽·德拉克洛瓦（Jean-Marie Delacroix）的协助下，我在那里为参加一个名为“内心的火焰”的专题研修班的24人团体提供指导。我接受了托马斯·德·昂桑布尔的建议，同意聘请“警察与流氓”协会的一些年轻人和他们的几位成人导师，让他们在这次历险中为我提供技术支持。几年前我就结识了这个关注街头青年的协会。当时，该协会发起人皮埃尔－贝纳尔·韦勒日（Pierre-Bernard Velge）和他的得力助手托马斯·德·昂桑布尔邀请我以心理学顾问的身份加入他们组织的一次问题青年沙漠远征。因此，我聘请他们与我们的专题研修班一路相伴，挑战这次帮助问题青年重新融入社会的冒险。

我接受了挑战，但是当技术团队中的一名青年拿着刀威胁一名成年人时，我开始后悔了。在通往一切文明的道路上，恐惧偶尔会露出它的尾巴。我绝对不想让我的团队中的人身处险境，我只想到了一个解决方案：尽快将闹事者遣返回国。实际上，这是使我自己摆脱问题的一个简单的方法。

我把自己的意图告诉了托马斯。他没有否决我的建议，而是请求我宽限几个小时。在离营地稍远的一个沙丘上，他们讨论了很长时间。令我大吃一惊的是，讨论结束后，团队内部重新拧成了一股绳，而且之后再也没有出现妨碍远征顺利进行的任何问题。在佩服托马斯的耐心之余，我对自己说，他所采用的非暴力沟通技巧非常值得研究。

后来，托马斯成为我的专题研修班的正式助手和合作者。在“心灵.com”（“Cœur.com”）协会中，我经常请他帮忙解决一些棘手的问题。我参加了他主持的介绍非暴力沟通的专题研修班，而这一学科的基本原则也已在我自己的研讨会中得到应用。

为什么？因为我意识到，我们中的大多数人，首先是我，还处于沟通的初步摸索阶段。我们习惯于评价别人，判断他们，给他们贴标签，而不向他们暴露我们自己的感觉，不敢“说真话”。实际上，我们中有谁能自夸在陈述自己的评判之前，曾努力盘点过这些评判所依据的感觉？有谁曾努力去识别和说出在我们所表达的话语背后被压抑和掩盖的需求？又有谁曾试图在自己与别人的关系中提出过现实的、可协商的请求？

这种建立在现实的、可协商的请求基础上的沟通方式，在我看来更有意思，因为它为其他沟通方法提供了补充性的建议，尤其是萨罗梅[1]和高尔顿[2]的那些方法。所有这些方法都准确地强调了我们有必要学习从自身的生活经验出发来用“我”讲话，并学习承认我们的需求本身是正当的。然而，这一正当性有其局限性。我们应在向他人提出可协商的请求时找到它的表达方式，否则它将被封闭在一个“自我中心主义”的气泡里。因为即使我们的所有需求本身都是正当的，它们也不可能全部得到满足。应找到每个人都可接受的折中方案。我认为，非暴力沟通在这方面显示了它的全部力量。

1 雅克 · 萨罗梅（Jacques Salomé，1935— ），法国当代社会心理学家，以人际关系及心理沟通见长。——译者注

2 托马斯 · 高尔顿（Thomas Gordon，1918—2002），美国著名心理学家，被誉为“沟通之父”。——译者注

这样一种技巧可能带来政治上的奇迹。另外，应该在小学生一入学时就传授给他们这种技巧，以免他们养成坏习惯而远离他们自己和属于他们自己的表达方式。在夫妻之间，人与人之间的摩擦有时会痛苦地甚至危险地加剧，由此，这种技巧也有了它的最佳用武之地。我觉得非暴力沟通既像是心理学的接待室，又能够使我们对人际关系问题的理解在日常生活中得到实践。

说实话，尽管一切沟通方法的原则通常是容易掌握的，但实践却是很难的。在这个意义上，这本书的确是一本参考手册。同时，它显示了作者的全部才能和开明的思想。在这本书中，作者带我们接近了感觉和需求的世界，我们从中看到了他在律师的长期实践中使用的两张王牌——分析的严谨性和对有效性的密切关注。

我认为，在那些敢于说出自己想法的人中，托马斯·德·昂桑布尔是能以最巧妙的方式做到此事的人。这位沟通方面的诗人，这位内心的沙漠与现实世界中的沙漠的探险者懂得，为了实现与他人的真正沟通，就应该放弃权力关系，大胆说出自己的真实想法。我曾看到他自己用几年时间从一个害怕承诺的“好好先生”转变成一个钟情的丈夫和忠诚的父亲。我曾看到他逐渐脱离律师和银行顾问的职务，为的是始终忠于自己并帮助其他人变得忠于自己。我很高兴地看到，他在为我们撰写的这本书中想方设法让我们了解，归根结底，如果不亲近自己，就无法亲近他人；如果不亲近他人，就无法亲近自己。借助圣－埃克苏佩里笔下的小王子的温柔与优雅，托马斯·德·昂桑布尔提醒我们，我们可以与他人相处，同时不丧失自我。

自 序

> 我没有指望凭我自己走出我的孤独。石头没有指望成为石头以外的其他东西，但通过合作，它们聚集在一起筑成了一座圣殿。
>
> ——安东尼·德·圣－埃克苏佩里

我曾经是一个友善、彬彬有礼但沮丧、消极的律师。今天，我满怀热情地主持报告会、研讨会，并组织陪伴面谈。我曾经是一个害怕付出感情的单身汉，用亢奋来填补我的孤独。今天，我结了婚，做了父亲而且很满足。我曾经不露声色地活在内心的无尽悲伤中，今天我感觉自己充满信心和喜悦。

发生了什么事?

我意识到在长时间忽略自我需求的同时，我一直在对自己实施暴力，而且我趋向于将这种暴力转嫁到别人身上。我承认我是有需求的，我能够倾听和区分这些需求，在它们之间确定优先等级，由我自己关照它们，而不是抱怨没有人对它们负责。我把从前花在抱怨、反抗和伤感上的所有能量一点一点地搜集起来，并关注它们，使它们服务于内心的转变、创造和各种关系。同时我意识到并且承认，他人也有需求，而我不一定是唯一有能力并有时间满足这些需求的人。

对我而言，非暴力沟通过程在我努力尝试的转变中曾经是而且将继续是一个照亮前路的、令人放心的向导。我希望它也能够为读者照亮前路并消除他们的疑虑，使他们从他们与自己的关系开始，理解自己的各种关系。

因此，我想通过这本书阐明马歇尔·卢森堡[1]提出的这一思想过程以及卡尔·罗杰斯[2]的著作中的思路。了解托马斯·戈登[3]的著作的人也会从中发现一些熟悉的概念。我想凭我的信心来证明，如果我们中的每个人都愿意观察自己的暴力行为（这种暴力行为往往是我们无意识而又非常微妙地，同时往往是出于善良的本意而施加于自己和他人的），并努力理解它是如何被激发出来的，我们每个人就会为自己找到化解和平息它的机会；每个

1 马歇尔·卢森堡（Marshall Rosenberg，1934—2015），临床心理学博士，国际非暴力沟通中心创始人。我强烈推荐阅读他的著作《非暴力沟通：一门慈悲的语言》（*Nonviolent Communication: A Language of Compassion*）。（此书已译成中文，书名为《非暴力沟通》，于2015年由华夏出版社出版。——编者注）

2 卡尔·罗杰斯（Carl Rogers，1902—1987），美国心理学家，人本主义心理学代表人物之一。——译者注

3 托马斯·戈登（Thomas Gordon，1918—2002），美国心理学家，师从卡尔·罗杰斯，以其创建的“戈登方法”而闻名。这一方法初用于改善父母与孩子的关系，后发展为一种适用于改善人际关系的沟通模式。——编者注

人也因此可能为创建更令人满意的人际关系做出贡献；人类也会变得更自由，对自己更负责任。

马歇尔·卢森堡把他的过程理论称为非暴力沟通，我倾向于称之为有意识的非暴力沟通。暴力实际上是我们缺乏意识的后果。如果我们更清楚自己的真实感受，我们将更容易找到既表现我们的力量又不侵犯彼此的机会。我认为，当我们没有将自己的力量用于创造、激励或保护，而是用于强迫我们自己或别人时，就产生了暴力。这种力量可能是情感的、心理的、道德的、等级的或制度的。因此，微妙的暴力，包在丝绒手套里的暴力，尤其是情感暴力，要远比通过拳头、犯罪和侮辱表现出来的暴力更普遍，并因为它说不出来而更加危险。

这种暴力之所以说不出来，是因为它渗透到了我们每天毫无恶意地使用的话语中。它随着我们的日常词汇传播。实际上，我们主要通过话语这一载体来表达我们的思想，从而表达我们的意识。于是，我们可以选择通过一些表达分割、对立、分离、比较、归类或判断的词或表达集合、建议、调解和激励的词来传播我们的思想和意识。因此，通过研究我们的意识和语言，我们可以消除那些由干扰沟通、产生日常暴力的意识和语言引发的干扰。

非暴力沟通的原则并不新鲜。几个世纪以来，它们就是人类智慧的一部分，这种智慧很少被付诸实践，可能是因为它往往看上去不太实用。让我感到新鲜的，并且让我有幸每天证实它非常实用的一面的，是马歇尔·卢森堡建议的非暴力沟通过程所包含的“衔接”理念。

一方面，沟通和非暴力这两个已知概念在语言上有衔接。这两个概念和它们所承载的价值尽管吸引人，但往往给我们一种无力的感觉：非暴力沟通总是可行的吗？如何在我们的交流过程中，使这些大家认同的价值——尊重、自由、与人为善、责任感——变得具体、可感知和有效呢？

另一方面，一些沟通的要素和问题在我们的意识中有衔接。这个分四步走的过程引导我们意识到，我们总是对某个事物、某种处境做出反应（第一步，观察），这一观察总是在我们内心引起某种感觉（第二步，感觉），这种感觉对应某种需求（第三步，需求），而它引导我们提出某种请求（第四步，请求）。[1]这一方法基于这样一个事实，即当我们清楚地看见我们的反应对象时，当我们完全了解我们的感觉和需求时，并且当我们能够提出可协商的请求，同时自我感觉安全，能接受对方的任

1 本书中将分别用O、S、B、D表示观察、感觉、需求、请求。O、S、B、D分别取自法语单词observation（观察）、sentiment（感受）、besoin（需求）和demande（请求）的首字母。下文不再重复注释。——编者注

何反应时，我们会感觉更好。这一方法还基于另一个事实，即当我们清楚地看见对方提及或反应的对象时，当我们完全了解他的感觉和需求，并听到一个可协商的请求，但可自由决定同意与否，并共同寻找满足双方需求而不是有损于任何一方的解决方案时，我们会感觉更好。因此，非暴力沟通不只是一种沟通方法，也是一门在尊重自己、尊重对方和尊重周围人的前提下处理人际关系的艺术。

在信息化时代，越来越多的人沟通得越来越快，越来越糟糕！越来越多的人忍受着孤独、不被理解、丧失目标和缺乏人生意义的状态。对组织和功能的关心仍然远远优先于对人际关系质量的关心。我们急需探索出其他维护关系的方式。

许多人都感到疲惫，既无法真实地表达自己的想法，又无法得到真正的倾听和理解。即使借助目前的手段，我们交换了许多信息，但我们在表达和倾听真实想法方面仍有缺陷。由此造成的无能为力催生了许多恐惧，而它又激发了习惯性的退缩反射：完美主义、民族主义、种族主义。在技术——尤其是世界范围的沟通手段——的激情的征服下，在这些手段带来的人种、种族、宗教、时尚、政治和经济模式交织的全新背景下，难道我们没有不知不觉地丢掉某种属于内心的、真实的东西吗？它如此珍贵，以至于其他任何追求都很可能绝望而归：相处，人与人之间的真正相处，没有游戏，没有面具，不受我们的恐惧、习惯和陈词滥调的干扰，不受我们的习惯性反射的约束，将我们从手机、屏幕和虚拟影像的隔离中解救出来。

那里似乎有一个待征服的新大陆，至今鲜有人问津，令许多人害怕：自由的、负责任的人们之间的真正的关系。

这种探索之所以令人害怕，是因为我们常常担心会迷失在所谓的关系中。因为我们已经学会为了与他人相处而背离我们自己。

我建议探索一条小路，通往自由的、负责任的人们之间的真正的关系。提到这条小路，我将提出一组我经常遇到的问题，它似乎是我们中的许多人遇到的生存困境的核心：如何既保持自我又和他人相处？如何既和他人相处又保持自我？

在写这本书时，我脑中时常存在一个疑虑。我知道书籍能提供信息，并为人类的发展做出贡献。然而，我也知道，理智上的理解不可能自动转化为心灵的转变。心灵的转变源于情感上的理解，即随时间发展的经验和实践。此外，这本书也是一个例子：它基本建立在经验和实践的基础上。

从我第一次接触非暴力沟通时起，我就坚持把知识与实践相结合，因为书本知识常使我们相信我们已经理解了全部事实。我对这方面表示怀疑。这在智力上可能是真的，而实际上我们根本没有理解任何东西，这种错觉会使我们避开真正的、长效的自我转变的机会。

这尤其解释了为什么我仅仅推荐了马歇尔·卢森堡的书，尽管我知道也很欣慰我所阐述的这些本身并不新鲜的概念也被其他作者研究过。

因此，借助一些已经固定的词语和概念，将我们在专题研修班或研讨会上通过角色扮演、融入时间、情感倾听、回顾、沉默而引起共鸣的经历付诸纸面，我是在冒险，因为有些人会觉得这一过程具有为人熟知的乌托邦的性质。我欢迎这一冒险，因为它是一个过程，而不是一个窍门，也就是说，它是一种需要实践的意识状态，就像我们实践一门外语一样。而每个人都知道，并不是读一次《英语会话A—Z》就能去牛津大学参加一场辩论赛，实际上，连去聊天沙龙碰碰运气都不可能！我们首先要谦逊地从音节练习开始。而且，“乌托邦”这个词中难道没有那么点儿向另一个地方前进的意味吗？

这本书正是献给那些前进中的人，他们正在奔向一个能遇见人间真情的地方。我的工作使我能够每天遇见这些人，他们拥有各种各样的背景：企业、救济机构和教育机构、社会各阶层的夫妻和家庭，以及绝望中的青年或高级干部群体。我每天都在见证，这个地方是存在的，只要我们愿意。

目 录

第一章

为什么我们背离了我们自己、我们的感觉或我们的需求？

Pourquoi nous sommes coupés de nous-même,
de nos sentiments ou de nos besoins

我们的精神世界是由各种范畴构成的，它被武断地、人为地划定了界限。我们应建造一些桥梁，为此，我们需要关于人类及其命运的更广阔的知识和视野。

——耶胡迪 · 梅纽因[1]

1 耶胡迪 · 梅纽因（Yehudi Menuhin，1916—1999），美国著名小提琴演奏家和指挥家。——译者注

我不知用什么词来诉说我的孤独、我的悲伤或我的愤怒。

我不知用什么词来诉说我渴望与人交流、被理解和被认可的需求。

于是我批评，我侮辱，我攻击。

于是我吸毒，我酗酒，我消沉。

暴力，无论是内在的还是外在的，都源于词穷：它表现了一种无法用语言表达自己的沮丧感。

原因在于：我们从未获得描述我们内心世界的词汇表。我们没有学会准确地描述我们的感觉以及我们的需求是什么。然而，从儿时起，我们学习了许多词语：我们能够谈论历史、地理、数学或文学，我们能够描述一种信息技术或运动技能，对经济或法律高谈阔论，但用于描述内心世界的词语，我们曾几何时学过呢？在成长过程中，我们背离了自己的感觉和自己的需求，试图听从爸爸妈妈、哥哥姐姐、老师等人的感觉和需求："妈妈让你干什么，你就干什么……""今天下午你表弟来玩儿，他想干什么，你就干什么……""做人们期望你做的事。"

我们就是这样听从了所有人的感觉和需求——老板、客户、邻居、同事，除了我们自己！为了生存下去和融入社会，我们以为我们必须背离自己。

有一天，我们为这种背离付出了代价！羞怯、抑郁、怀疑、犹豫不决、无法选择、难以投入、丧失生活情趣……救命啊！我们就像正在排空的盥洗盆里的水一样不停地转圈，即将被吞没。我们等待有人能拯救我们，有人能给我们一些指导，而与此同时，我们却再也听不进任何建议！我们的脑袋里已经塞满了"你应该……""现在正是时候该……""你必须……"。

我们的基本需求是找回自己，把我们牢牢地固定在我们自己身上，从内心感受到是我们在说话，是我们在做决定，而不再是我们的习惯、我们的外表和我们对他人目光的畏惧。但是该怎么做呢？

我想用一个小人儿来介绍我大力推荐的这个过程，这个小人儿出自日内瓦的非暴力沟通培训师伊莲娜·多梅尔格（d' Hélène Domergue）之手。

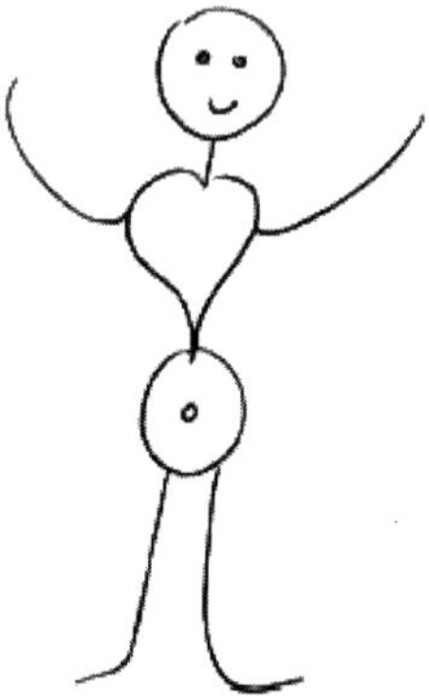

* 智力

* 感觉

* 需求（或价值观）

* 请求（或具体的、可协商的行动）

智力空间

智力

* 评判、标签……
* 偏见、先验……
* 二进制
* 推卸责任的语言

这个头象征智力空间。它受益于我们所接受的教育，并接受我们的锻炼、纪律约束和精雕细琢，从而变得高效、多产和迅捷。我们的心灵、情感生活、内心世界，却没有得到这样的关注。因为我们学会了听话和理智，深思熟虑之后做出正确的决定，对任何事物进行分析、归类并贴上标签，把它们分门别类装在不同的抽屉里。我们变成了逻辑和推理方面的大师，而且从儿时起，得到激励、训练、精炼和细分的就是我们对事物的智力理解。而我们的情感理解，就算没有被公开阻挠，也极少甚至没有得到鼓励。

目前，在我的工作中，我观察到这一智力功能的四个特点，它们常常导致我们对自己施加暴力或将暴力强加于他人。

评判、标签和类别

我们评判某个人或某件事时，往往根据我们看到的一丁点儿事实来判断他人或某种形势，而且把我们看到的一丁点儿事实当作全部事实。比如，在马路上看到一个剃着莫西干发型、头发染成橙色、脸上穿环的男孩："噢！一个朋克，又一个愤青，一个干扰社会的边缘人。"我们就闪电般地做出了评判。其实我们对此人一无所知，他可能正满腔热情地参加一场青年人的活动、一个喜剧团体或一项网络研究，并因此要为某个世界性的运动贡献他的全部才能和全部心血。但由于他外在的某些东西和他的与众不同，我们心中便产生了恐惧、怀疑和我们不知道如何破译的某些需求（接受差异性的需求、融入群体的需求、确保差异性不会导致断交的需求），于是，我们就对他妄加评判。您看，我们多么粗暴地对待了这个人身上可能具备但我们却没看见的美好、慷慨和丰富之处。

再举一个例子。我们看到一辆豪华轿车载着一位身着毛皮大衣的优雅女士从身边驶过："真有钱啊！又是一个只想着炫富的女人！"

我们又把我们看到的一丁点儿事实作为全部事实，从而做出评判。我们用玻璃纸把它包起来，关在一个小抽屉里。我们再次粗暴地对待了这个人"全部的美"，因为我们没有发现她的内在美。她可能在时间和金钱方面非常慷慨，一有时间就参与互助和支援活动，而我们对此一无所知。又一次，她的外表激起了我们的恐惧、怀疑、愤怒或悲伤，以及我们不知道如何破译的某些需求（交流的需求、分享的需求、人类为共同幸福积极奉献的需求），于是我们妄加评判，我们把对方禁锢在一个类型中，把她关在一个抽屉里。

我们把浮出水面的冰山一角当成了整座冰山，而每个人都知道90%的冰山隐藏在海平面以下，是看不见的。让我们回忆一下圣－埃克苏佩里的话："看东西只有用心灵才能看得清楚，重要的东西用眼睛是看不见的。"我们真的用心灵去看待他人了吗？

偏见、先验、成见和习惯性思维

我们学会了按照习惯做事，接受某些习惯性思维、先验和偏见，活在一个概念和观点的世界里，制造或传播某些未经验证的信念——比如，男人都是大男子主义；女人都不会开车；官员们都不作为；政治家们都腐败；人与人必须相互争斗；无论我们是否愿意，有些事必须去做；人们一直是这么做的；一个好母亲、一个好丈夫、一个好儿子就应该……；我妻子永远不会忍受我这样对她讲话；在这个家里，我们绝对不能谈论这个话题；我父亲是一个……的人，等等。这些表达方式基本上反映了我们的恐惧。这样一来，我们就将自己和其他人通通禁锢在一种信念、一种习惯和一种概念中了。

又一次，我们粗暴地对待了那些完全没有大男子主义的男人们，他们敞开心扉，接受自己的敏感、细腻和他们身上的女性化特征。我们粗暴地对待了那些驾驶技术比大多数男人好得多，而且更加尊重其他司机、行驶效率更高的女人们。我们粗暴地对待了那些慷慨热情地献身于工作的官员们。我们粗暴地对待了那些忠诚、正直，为了公众利益行使自己的职责的政治家们。我们粗暴地对待了所有我们不敢说或不敢做但的确对我们很重要的事情，或者粗暴地对待了所有我们“认为应该”做的事情，但却没有花时间去确认它们是否的确应当优先，我们是否可以先去关注相关人员的真正需求（他人的需求或我们的需求）。

二进制或二元论

久而久之，我们习惯了按黑与白、正与负划分一切。一扇门非开即关，一件事非对即错，一个人非有错即有理，一件事非成功即失败，一样东西非流行即过时，一个人非超级可爱即一无是处。还有一些微妙的变体：某人非知识分子即体力劳动者，非数学家即艺术家，非负责任的父亲即随心所欲的单身汉，非旅行爱好者即宅男宅女，非诗人即工程师，非同性恋即异性恋，非时髦即落伍。这就是“二元论”或“二进制”的陷阱。

仿佛我们不可能既是杰出的知识分子，又是高效的体力劳动者；既是严谨的数学家，又是奇思妙想的艺术家；既勇于担当，又充满幻想；既是一位细腻的诗人，又是一位严谨的工程师。仿佛我们不可能超出两性关系去爱自己，不可能在某些领域非常传统，而在另一些领域又十分创新。

仿佛现实并不总是比我们这些渺小可怜的物种和我们企图将现实禁锢其中的那些可怜的小抽屉更加丰富多彩，因为它的领地、它的多样性和它变幻的生命力使我们困惑，使我们恐惧，而我们为求心安，宁愿把一切都封闭在药剂师的瓶瓶罐罐里，贴好标签，放在我们的智力储存架上！

我们实践着这种基于“……或者……”或“要么……，要么……”的排除和划分逻辑。我们在玩“谁对谁错”这个悲剧的游戏，它给划分我们的一切打上烙印，而不是使凝聚我们的一切增值。后文中，我们将看到我们是如何放任自己跌入这个二进制的陷阱中，而它又是如何粗暴地对待我们自己和别人的。最常见的例子如下：要么我们关心他人，要么我们关心自己，结果是要么我们背离自己，要么我们背离他人。仿佛我们不可能既关心他人，又关心自己；既与他人亲近，又不停止与自己亲近。

推卸责任的语言

我们在使用一种语言，它使我们不必为我们所经历的或所做的事负责任。首先，我们学会了将导致我们产生负面情绪的责任转嫁给他人或我们外部的某个因素："我生气是因为你……""我伤心是因为我父母……""我沮丧是因为污染、臭氧层……"我们不为自己的感受承担丝毫责任，相反，我们找到了一个替罪羊，砍下它的头，于是我们自己就从那种把别人当作罪魁祸首的不安中解脱出来了！而且，我们还学会了不对我们的行为负责："这是因为规定……，这是因为命令……，按惯例应该……，我只能这样做……，应该……，你必须……，我没有选择……，是时候该……，……很（不）正常……"

我们会看到这种语言如何使我们背离自己和他人，而正因为它看似一种负责任的语言，才更不易察觉地奴役了我们。

感 觉

在这个更注重心理过程的传统功能中，仿佛有一块混凝土板把我们与自己的感觉和情感隔离开来。

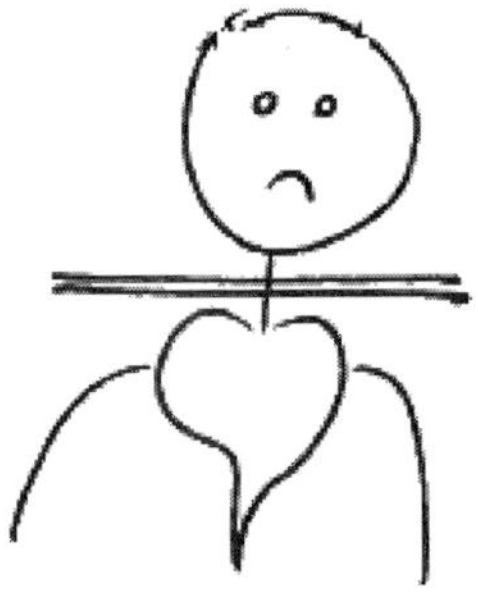

下面的情形您可能觉得似曾相识。从个人角度讲，我曾经学着做一个乖巧懂事的小男孩儿，试图始终听从别人的想法。在我小时候，人们还不太懂得谈论自己或自己的情感。人们会带着情感去描述一幅画或一个花园，谈论一首乐曲、一本书或一处风景，但谈论自己会被怀疑是自我中心主义、自恋和唯我独尊，更别说带着情感了。人们对我说："关心自己是不好的，应该关心他人。"

假如有一天我非常气愤并且表现出来，我就会听到："发火可不好。一个乖男孩不会发火。回你的房间去好好想想再回来。"好吧，回归理智。

我会去用我那早已判定自己有罪的脑袋反省。于是，我背离了我的心，把我的愤怒装进口袋里，挤出一个虚伪的微笑来赎回家庭的和睦。假如另一天，我因为某种突如其来但不明就里的沉重的痛苦而感到伤心，只知道流眼泪，在我正需要鼓励和安慰的时候，我会听到："伤心可不好，我们能做的都为你做了！更何况有些人比你不幸得多。回你的房间去好好想想再回来。"就这样，我又一次被打发了！

我回到我的房间，上述理性过程重演："的确，我没有权利伤心，我有爸爸妈妈和兄弟姐妹，还有上学用的书和玩具，有房子住，有饭吃，我有什么好抱怨的？这悲伤算什么？我是一个自私的、没用的家伙！"又一次，我宣判自己有罪，背离了自己的心。悲伤到我的口袋里寻找愤怒去了，而我则带着假笑赎回我在家庭中的位置。看到了吧，人们如何从小学会做一个温顺的人，而不是真实的人。

又有一天，我十分快乐，心里乐开了花，我跑来跑去，把音乐的声音开到最大，喋喋不休地表达我喜悦的心情，我会听到这句话："别高兴过头了，生活没有那么可乐！"号角又吹响了！在成年人的世界里，就连快乐也不受欢迎！那我——一个10岁的男孩——该怎么办？我在自己内心的硬盘上编写了以下两条信息：

◎ 做一个成年人，就是要尽可能地背离自己的情感，只有在沙龙的聊天中为了美化自己才能关注它们，但不能妨碍任何人，偶尔一次也不行；

◎为了招人喜欢并在这个世界上拥有自己的位置，我不该按照我的所感所想去做，而是应该做别人希望我做的事。做真实的自我，会失去别人的爱。

从这个思维编码中产生了几种外在表现，我们将在第五章中谈到。

但您可能会问："真的有必要接受所有这些情感吗？我们不会被我们的情感所操纵吗？"您可能会联想到那些生气生了大半辈子的人和那些在自己的愤怒中徘徊却不肯迈出一步的人。或者想到另外一些悲伤或伤感、不断咀嚼自己的愁闷却无法摆脱它的人。还会想到那些反抗一切、到处找茬儿却无法平息怒火的人。实际上，像鱼缸里的金鱼一样在自己的感觉里兜兜转转不会带来任何进展，只会招人厌烦。

我们的情感就像各种感觉的波涛，无论是令人愉快的还是令人不快的，重要的是能够识别和区分它们。识别我们的感觉有利于促使我们识别自己的需求，从而让我们更加了解自己。感觉的运转就像仪表盘上一个闪烁的信号：它告诉我们某种功能是否已经发挥作用，某种需求是否已被满足。

我们常常背离自己的感觉，只拥有几个用来描述它们的词语：一方面，我们能够感觉到自己舒服、幸福、宽慰、放松；

另一方面，我们会恐惧，会感到自己心情糟糕、失望、悲伤、气愤。我们在描述自己时感到词穷，尽管如此，我们就是这样生活的。在非暴力沟通的培训中，我们发给参与者一份清单，上面有250多个描述感觉的词语，帮助他们充实自己的词汇表，从而扩大自己体验到的意识范围。这份清单中的词语不是从百科全书中选取的，而是从我们可以在报纸上读到和在电视上听到的那些常用词的词汇表中选取的。然而，世代相传的腼腆和含蓄仍然在妨碍我们使用这些词语来谈论自己。

发展我们的词汇表，从而扩大我们体验到的意识范围。

我们从儿时起所学的全部知识都是为了开发我们在自身以外的某些方面或领域的意识：在学校，我们学习历史、地理、数学，长大后我们学习管道工程、电气、计算机或医学。我们在各个方面发展了我们的词汇表，并因此掌握了一定的技能，在处理与这些方面有关的问题时比较自如。

词汇表的获取与意识的开发是齐头并进的：正因为我们学习了如何说出和区分一些要素，我们才能够理解它们的相互作用，并按照需求改变这种相互作用。就个人而言，我不太懂管道知识，当我的热水器不能启动时，我会给技工打电话求助。我对这方面要素的意识水平和在这方面的动手能力几乎为零，而技工能识别相关问题，并用具体的术语来表达：“是您的燃烧器有缺陷。”或者：“是管道生锈了，燃气喷嘴老化了。”因此，技工具备一种行动能力，在这种情况下即修理能力。

从前，在我当律师时，会受理一些人的咨询，他们面对自己的司法困境，有时完全糊涂、思想混乱、无能为力，我有幸能区分这些问题，认清它们的相互作用，确定优先顺序，从而建议他们采取某种行动。因为，行动能力是与说出和区分一些要素的意识和能力相关的。

然而，在我们受教育过程中的哪一个时刻，我们学过说出我们内心世界的问题？在哪一个时刻，我们学过认清我们的感受，区分我们的感觉，并把它们与我们的基本需求区别开来，说出我们的需求，在考虑他人需求的同时，简单而灵活地提出一些具体的、可协商的请求？多少次我们感到自己无能为力，并因我们面对占据我们整个身心，像毒液一样毒害我们而我们却无法反抗的愤怒、悲伤和伤感时的这种无能为力而感到愤慨？除了难受或愤怒、悲伤或伤感的感觉，还有无力感带来的不适：“我不只是不幸或愤怒，我还不知道该做些什么才能走出困境。”

于是，为了“走出困境”，我们往往只能将责任转嫁给外界：爸爸、妈妈、学校、男朋友、女朋友，还有同事、客户，以及行业、国家、污染、危机等。我们因为不理解而不能掌控自己的内心世界，于是我们从外部找到了为我们的痛苦承担责任的替罪羊：“我生气是因为你……，我伤心是因为你们……，我愤慨是因为这个世界……”

我们输出自己的困难，把困难推给别人，却不懂得如何自己处理它。事实上，只有说出来，才能处理。而要想说出来，就要扩大描述感觉和需求的词汇表，从而在这方面游刃有余，逐渐掌控它。掌控不是压制，而是引导。

感觉的运转就像仪表盘上一个闪烁的信号，它为我们指明某种需求：一种令人愉快的感觉说明需求得到了满足，一种令人不快的感觉说明需求未得到满足。因此，了解这一关键的区分对于识别我们的需求是非常宝贵的。因为，与其抱怨你不再想要的东西并找一个不能胜任的人来帮助你，不如弄清楚你想要的东西（你的需求而不是你的不足）并找一个能够胜任的人来帮助你，而这个人往往就是我们自己！

> 感觉的运转就像仪表盘上一个闪烁的信号，它为我们指明某种内在功能是否得到满足。

以下是我在报告会上举的一个例子。如果我驾车行驶在乡间道路上，我可能遇到以下三种情形。

① 我开着一辆20世纪初出产的没有仪表盘的福特T型旧汽车。我自信满满地行驶着，消耗着已达到油位警戒线的汽油，丝毫不担心是否需要加油（因为没有任何信号使我意识到这一点），那么我迟早会因汽油耗尽而在平坦的原野上抛锚。

没有信号，就意识不到需求，也就没有行动的能力。

② 最经典的假设。我开着一辆装有完整仪表盘的汽车。这时，我的油表提示我油位已到警戒线。我立刻牢骚满腹："谁又忘了给这辆车加油了？真不敢相信，这种事总是发生在我身上！这个家里就没有一个人能想起加油的事。"我抱怨啊抱怨，就在我全神贯注地抱怨时，我错过了路过的所有加油站，我迟早会在平坦的原野上抛锚。这次确实有信号，我也意识到了需求，但我没有采取任何行动为自己排除故障。我把所有的精力都用在抱怨和寻找罪魁祸首或可以转嫁我的沮丧的某个人上了。

③ 非暴力沟通为我们推荐的假设。我还是开着一辆装有完整仪表盘的汽车。我的油表指示油位已到警戒线。我识别出了我的需求："看，我该加油了。但我没看到附近有加油站，我该怎么办？"

于是我采取了一个具体的、积极的行动。我会留意我将路过的下一个加油站并去加油，以满足我的需求。我自己排除了故障。由于意识到我的这一需求并把它表达了出来，我自己想出了一个可行的解决方案。这个解决方案不是立即出现的，但由于我意识到了这一需求，我就比在第一种情况下，即我没有意识到这一需求时，拥有更多的机会找到解决问题的方法。

尽管我已经通过加油自行排除了故障，但我不会因此放弃我对重视或尊重的需求。回到家里，我会对我的爱人或我的孩子们说："我很生气，因为你们用完汽车后，我得去加油（S）。我需要你们重视我的时间并因为我借给你们汽车用而尊重我（B）。你们能不能答应今后自己给汽车加油（D）？"

如果我们时常因所受的教育或习惯而背离自己的感觉，我们更会因此背离我们的需求。

需　求

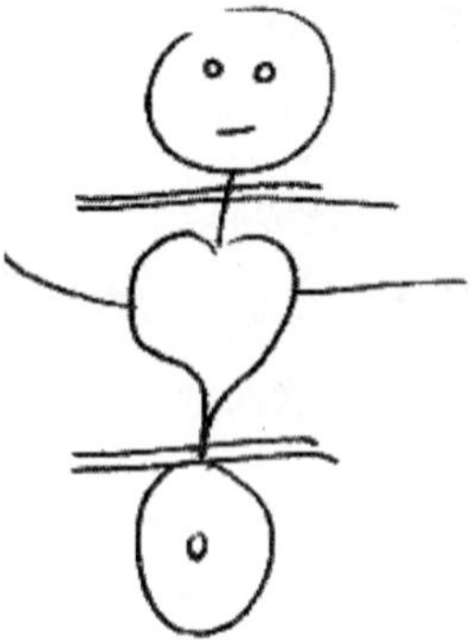

如果我们已经背离我们的感觉很远，我们将几乎完全背离我们的需求。

我们有时候感觉有一块混凝土板隔离了我们与自己的需求。我们学的更多的是试图理解和满足他人的需求，而不是试图倾听我们自己的需求。"我行我素"一向是致命罪孽的同义词，就算不是，也是自我中心主义或唯我独尊的同义词："像这样我行我素可不好。哦！这又是一个我行我素的人。"人们可以"有需求"这种想法仍然常常被认为是可耻的。

的确，"需求"一词经常被误解。它在这里不是指片刻的渴望、一时的冲动或任性的欲望。它是指我们的基本需求，指那些我们维持生命必需的、那些我们应满足以获得满意的平衡感的，以及那些触动我们的最普遍的人生观的需求：身份、尊重、理解、责任、自由、互助。在实践中，我越来越多地看到，更好地理解我们的需求是如何使我们更好地理解我们的价值的。我会在后文深入探讨这一点。

在我主持的一个专题研修班上，一位母亲气恼地诉说她无法理解自己的孩子。她和孩子们之间战争不断，她说自己已经筋疲力尽，因为"给他们布置1000件事，他们却好像不明白，或者恰恰想要对着干"。当我问她是否知道孩子们在这种情形下的需求时，她爆发了，说道：

"我们不是在这里讨论怎么关注自己的需求！如果大家都听从自己的需求，那就会有打不完的仗。您所提出的是一种可怕的利己主义！"

"您之所以生气（S）是不是因为您希望人与人之间能够互相关注和倾听（B），从而共同找到满足各自需求的解决办法呢？"

"是的。"

"那您是不是希望（B）人与人之间能够相互理解并和谐共

处呢？”

“对呀。”

“那好，您看，如果您不从适当地倾听您自己的需求开始，我很难相信您能够适当地倾听您的孩子们的需求。如果您不花点儿时间在您的多面性和矛盾性中理解和关爱自己，我很难相信您能够理解孩子们的多样性和矛盾性。我跟您说了这些，您有什么感觉？”

她愣住了，一言不发，热泪盈眶。然后，好像她心中的锁扣慢慢地解开了。全组人默默地陪伴着她，在内心深处感同身受。于是她明白了，破涕为笑：“不可思议，我意识到我从没有学会自我倾听。所以我不倾听孩子们的需求，我把我的规则强加给他们！显然他们在反抗，我在他们现在这个年纪时也曾反抗过！”

如果我们不能真正地、适当地倾听自我，我们怎能真正地、适当地倾听他人呢？如果我们不能抽出时间对自己好一点儿，又怎能抽出时间对别人好一点儿呢？如果我们不能首先深爱自己的差异性和矛盾性，又怎能去爱别人的差异性和矛盾性呢？

> 如果我们背离了自己的需求，有人就要为此付出代价，
> 要么是我们自己，要么是他人。

背离我们的需求会使我们以不同的方式付出代价。以下是最常见的几种后果：

◎ 我们很难为涉及我们自身的事情做出选择。在生意和工作中还好说，但在我们私密的感情生活中和更加私人的选择中，何其难也！我们把一只脚踩在另一只脚上跳舞，不知道选择什么，最终希望某些事情或人可以替我们做决定。或者我们将某种选择强加于自身（这更加理性、更加明智），却无法倾听和理解我们内心深处的冲动。

◎ 我们沉溺于他人的目光，不能识别自己真实的需求，即那些属于我们个人的需求。我们经常依赖别人的意见："这件事你怎么想？如果你是我，会怎么做？"我们甚至未经确认，就把自己灌进我们想象中别人期望的模子里，让自己适应，甚至过度适应这些期望："他们会怎么想我……，我绝对应该这么做或那么做……，我应该这样表现，否则……"我们在这种依赖别人认可的练习中筋疲力尽，而且在极端情况下，我们变成了某种模式和某种潮流的墙头草（所有人都这么做，我和他们一样），我们变成了依赖各种事物（如金钱、权力、性、电视、游戏、酒精、药物、毒品和互联网）或服从明确指令（如服从一家要求严苛的企业、一场国家干预的政治运动或一个教派的首领）的傀儡。

我个人曾经遇到过许多自觉或不自觉地受到此类常见的依赖性困扰的人。我认为，最普遍和最常见的问题是我们太在意他人的目光。我们不了解自己的需求，原因是我们没有学会承认它们。于是我们等着"它（他）们"——毒品、酒精、人们……来指点我们。我们不属于我们自己。

◎ 由于我们学会了去满足别人的需求，去做一个有礼貌的、友善的、谦恭的好儿子或好女儿，去做一个居伊·科尔诺所谓的那种"好男孩"，[1]去听从除自己以外的所有人，如果有一天，尽管这样做了，我们仍困惑地发现我们的需求没有得到满足，那一定是因为有一个"罪人"没有关照我们。于是我们进入了之前提到过的侵犯性或投射性暴力过程，即一个充满了批评、评判、侮辱和责备的过程："我这样不幸是因为我的父母……，我伤心是因为我的配偶……，我泄气是因为我的老板……，我消沉是因为危机、污染……"

◎ 在这一点上，我们常常有这样的经历：感觉自己受制于别人的需求，或者害怕没有办法实现自己的需求，以至于我们未经许可就专横地将它们强加在别人身上："在我这里，就要这样做，别无选择。好了，现在去整理你的房间，马上！"于是我们进入了一个权威性暴力过程。

1　详见居伊·科尔诺（Guy Corneau），《斗争中的爱》（*L'amour en guerre*），l'Homme出版社，1996年；《难道没有幸福的爱？》（*N'y a-t-il pas d'amour heureux?*），Robert Laffont出版社，1997年。

◎ 我们尝试实现我们的需求，但徒劳无功。最终，我们放弃了："我快崩溃了！我放弃了。我要把自己关起来或者我要逃跑。"在这种情况下，我们对自己实施了暴力。

"是的，"您会对我说，"但了解自己的需求有什么用？那只会让自己活在不断的沮丧中。"您可能想到了这样一个人，他能准确地识别自己对归属感或被认可的需求，一生都在到处追求归属感或被认可，从会场到开幕式，从运动俱乐部到人道主义活动，却始终未得到满足；或者想到了另一个人，他费尽心机地想拥有自己的位置、找到自己的身份和内心的稳固，却在哪里都焦躁不安，尽管尝试了各种研修班和治疗法，仍不得安宁。

我们在下一章中会看到，仅仅是识别出我们的需求，即使没有得到满足，也足以带给我们宽慰和令人吃惊的安逸。因为，当我们经历痛苦时，最大的痛苦是不知道我们为什么痛苦。如果我们能够识别出令我们不安的内在原因，我们就会走出混乱。同样，如果您感觉身体不舒服，如果您有可疑的肚子疼、头疼或背疼，您会感到慌张："这是怎么回事？这可能是癌症、肿瘤……"如果您去看医生，他确定了病因，告知您是消化不良，是您的肝肿大或您的背脱臼了，虽然您的疼痛不会停止，但您会因为知道发生了什么事而放下心来，不再慌乱。对于需求也是一样的：识别需求可以让您走出混乱，使它不至于加重您的不安。

其次，识别需求的主要益处还在于，只有我们知道自己的需求，才有可能知道该如何满足它。我们常常等待别人（父母、配偶、孩子）来主动满足我们的需求，猜测什么能取悦我们，而有时其实连我们自己都很难说出我们的需求，又何谈满足？

以下是因为关系不和睦而前来咨询的两对夫妻的例子。

对所举实例的说明

① 本书中列举的实例都经过我的有意缩减，以避免交流过程过长过细。在书中我试图保留互动的要点，毋庸置疑的是，事实上这些交流中的大部分都占据了比本书所收录的篇幅看上去长得多的时间。同时，沉默和心理活动占据的时间没有体现在文字当中，但那却是我工作的基本组成部分。

② 语气或用词可能显得很朴实。我经常在面谈中有意使用这种语气或词汇，以便直奔主题，尽量避免让对问题的心理考虑或智力理解干扰倾听和内心的觉醒。

在一种倾听和互相尊重的气氛中，最简单的词语和语气往往能起到最恰当的作用。我留意到，分析能使意识变得更敏锐，因为注意力虽然极少或根本没有被智力理解激发出来，却完全被情感认知自由地运用。

③ 人名已经改变，有时还进行了角色转换，以尊重这些实例中的个人隐私。

在第一个例子中，夫人抱怨先生不理解她：

“他不理解我的需求。”

“您能不能为我指出您希望他理解的您的某个需求？”

“啊，不！不管怎么说，他是我的丈夫，该由他来理解我的需求！”

“您想说您在等他来猜您的需求，可甚至连您自己也很难定义它们。”

“的确如此。”

“那你们玩这种猜谜游戏很久了吗？”

“我们结婚30年了。”

“你们一定感到疲惫吧。”

（泪流满面）“哦，是的！我筋疲力尽了。”

“您感到疲惫是因为您需要来自他的理解和支持，这也正是您长久以来所等待的。”

“正是这样。”

“好吧，如果您自己不想办法弄清您的需求并把它们表达出来，恐怕您还要等更久。”

在含泪沉默了很长时间之后，她说：“您说得对，是我犯了糊涂。您要理解，在我家，大家没有权利有需求。因此我不知道我的需求是什么，显然，我总是责备他不得要领，却从没告诉他我实际想要什么。而实际上，我相信他已经竭尽全力了。他当然会生气，而我则跟他赌气。这简直是地狱！”

针对这对夫妻，我们做了很长时间的工作，使他们理解和澄清各自的需求。一个总是等着别人来关注他，却不肯对自己负责的人很难接受自我担当，而这个等待的过程可能令人痛苦。事实上，只有在与自己的关系上付出努力，才能改善自己与他人的关系。

在第二个例子中，是先生在抱怨：

“我的妻子丝毫不认可我！”

“您生气是因为您需要她认可您。”

“的确如此。”

“您能告诉我您希望她说什么或做什么来给予您期待的认可吗？”

“我不知道。”

“那么，她也不知道啊！您懂了吧，似乎您在绝望地等待她对您的认可，却不告诉她您如何具体地定义这种认可的表现。这该是多么令人疲惫啊！她感觉到您有被认可的需求，而她可能认为这无法满足，并感觉对此无能为力。我猜想，在她不知道该做什么的情况下，您越想得到她的认可，她离您越远。”

“正是这样！”

“那我猜想您对这种混乱的追求也感到疲惫吧。”

“筋疲力尽。”

“筋疲力尽是因为您有分享和与她亲近的需求。”

“是的。”

“那么我建议您告诉她，您希望她在哪方面认可您和怎么去做，具体一点儿。”

针对这对夫妻，我们讨论的不再是需求，而是具体的请求。这个男人感到受伤，因为他没有因自己多年来为保障家庭经济来源付出的努力而获得他期待的认可和赞赏，尽管物质和职业状况都证明了这一点。他一直在抱怨他的妻子：“你不了解我所做的一切努力，你丝毫不知道我为此付出的辛劳。”而他的妻子则在每一次的责备中封闭自己，无法在如此苦涩的感觉下靠近他。最终，我建议他俩提出以下请求：

“您是不是想知道您的妻子是否了解您所做的努力以及她是否欣赏您全心全意的奉献呢？”

“是的，这的确是我想要她做的。”

“那好，夫人，您听到了，您的丈夫需要您认可他的努力。更具体地说，他想知道您是否意识到了他的这些努力，以及您是否欣赏他的努力。”

“当然，我意识到了，我也欣赏。我不知道该怎么对他说，我害怕他听不到，一直以来都是这样，于是我不再回应，或者干脆岔开话题。”

“您想说，从您这方面，您希望他能感受到您不仅意识到了他的努力，还受到了触动。”

“当然啦！我非常受触动，甚至很感动。但他似乎很受伤，以至于看不到我关心的表示。”

“先生，听到您妻子被您的一切努力所触动甚至感动时，您作何感想？”

“我也很感动，而且感到宽慰。我意识到我一直被抱怨和没有得到我期待的认可所蒙蔽，以至于我不再留意她实际上经常对我做出的表示。我把自己关在笼子里了。”

意识到这一点后，这对夫妻曾经麻痹了的关系被重新激活。

这个例子告诉我们：

◎ 如果我们不具体地告诉对方我们希望看到自己的需求被满足，我们就可能看到他被无法满足的需求的重负压垮。这就好像我们把满足这一需求的所有责任都压在他的头上。在这种威胁之下，对方会感到恐慌，心想：“我不能独自承担这一巨大的（爱情、认可、倾听、支持等）需求，所以我要逃避或者封闭自己（沉默或赌气）。”居伊·科尔诺用下面这句话十分准确地描述了这种情况：“你进我退，你退我进。”先生绝望地请求被认可，夫人绝望地试图逃避这种请求。而她越是逃避，他越是紧逼。

反之亦然。例如，夫人绝望地请求得到先生的温柔和亲近，面对这种期待，先生感到恐慌，于是逃到工作、运动和文件中。他越是逃避，她越是请求；她越是请求，他越是逃避。这是因为他害怕必须去满足一种他自幼就未被满足过的爱的需求。这对一个孤独的男人而言是个过分的请求。

这个故事的教训是：如果没有通过一个在空间与时间上明确的、可识别的请求使需求变得具体（例如被认可的需求："你可不可以告诉我你是否意识到了我在这30年里所做的努力？"对亲近或温柔的需求："你可不可以抱我10分钟，轻轻地摇摇我？"），那么对方往往会觉得这是一种威胁。他会问自己是否能够承受这种期待，是否还能保持自我、守住自己的身份而不被对方吞噬。

回忆一下，我们经常会陷入二元论的思维。因为不知道如何在倾听对方的需求的同时，不停止倾听自己的需求，也不知道如何在倾听自己的需求的同时，不停止倾听对方的需求。所以，为了自我保护，我们往往中断了关系，不再倾听对方。

> 如果倾听对方的需求让我感觉到一种威胁，我会停止倾听，逃避或封闭自己，保持沉默。

如果我们告诉对方我们具体的请求是什么（例如："你可不可以把我抱在怀里轻轻地摇10分钟？"），我们就会使这一需求不那么具有威胁性（"我需要爱，需要温柔，需要亲近，救命！”），因为我们使它在现实中、在日常中“化为肉身”了。这不是一个虚拟的需求，看似无法满足，因此具有威胁性；这是一个具体的请求，在空间和时间方面非常明确，我们可以确定自己与它的相对位置，从而采取一种态度。

◎ 前面的例子明确的另一点是：只要我们被我们的需求未得到认可这个想法所蒙蔽，我们就无法看到它已经被认可了。夫人已经尽力给予先生认可，而先生却始终纠结于自己没有得到理解的感觉，以至于什么也没听到。这种现象很普遍。由于反复咀嚼自己不被理解或认可，以及遭受了不公待遇或被抛弃的这种感觉，我们给自己捏造了一个新的身份：“我是那个不被理解、不被认可的人，是那个遭受了不公待遇或被抛弃的人。”我们在这种信念中安顿下来，以至于我们周围的所有人的确对我们发出了表示欢迎、理解或接纳的信号，而我们听而不闻，视而不见。我在第三章中会重新探讨这一点。

在这种情况下，有必要研究一下基本需求。我们可以试问自己以下几个问题：

◎ 我能给自己那些我期待别人给我却未能得到的尊重、认可、接纳和理解吗？

◎ 我能开始尝试自己去满足这些需求，而不是维持这种依赖他人的目光和赞同的境况吗？

特别是……

◎ 我能活出自己，不再抱怨或反抗吗？

◎ 我能在自己身上找到安全感，而不是依赖某个东西或某个人，也不是为自己辩解或与自己作对吗？

◎ 我能自己感觉到内心的安宁和内心的力量吗，除了权力，除了压力之外？

一旦我们的需求明确了，我们就可以提出一个具体的、可协商的请求，以满足我们的需求。

请 求

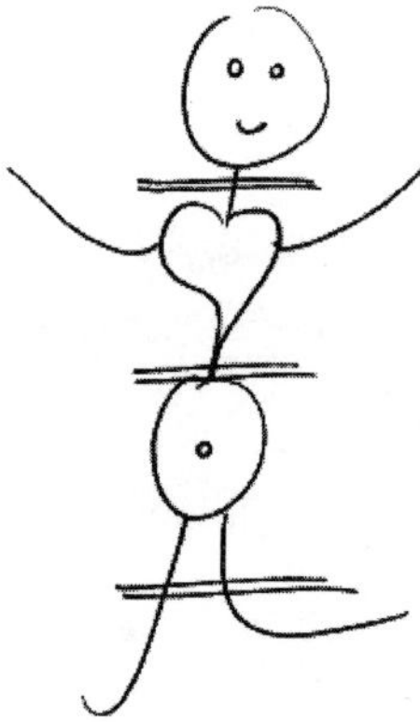

要提出一个请求，即具体的、可协商的行动建议，我们就要排除牵绊我们、妨碍我们为满足我们的需求采取一切行动的第三块混凝土板。要提出一个具体的请求，我们就要走出那种想要对方理解我们的需求并愿意满足它的期待，这种期待往往是令人绝望的，它永无止境，极度令人沮丧。应该由我们来负责管理自己的需求，并负责满足它。然而，我们常常掉进把我们的请求当作基本需求的陷阱。

下面的例子清楚地说明了一个基本需求和一个具体请求之间的区别，前者在任何情况下都是我们的一部分，后者可能根据情况而有所不同。

蒂埃里和安德蕾的例子

在一个专题研修班里，我提出了需求的问题，同时明确指出，我认为人类基本上都有相同的需求。也许人们不都以同一方式表达这些需求，或者人们不是在同一时期以同一方式生活的，这就导致人们在配偶之间、家庭或学校里的不和睦，小到日常争吵，大到借助冲锋枪和导弹的战争。直到今天，我所观察到的所有行为，即使是最可怕的或最反叛的那些，我都能在其根源上找到人类共同的需求。

当然，这是我的假设，它主要基于经验，我并没有说这是一个真理。

蒂埃里，一名参与者，质问我说："我完全不同意您的观点。我妻子和我就没有共同需求，这给我们造成了很大的压力，以至于我们快要离婚了。为了对得起良心，我们一起来参加了您的研修班。这样，我们将来可以对自己说我们已经都试过了，但我们不太相信这个研修班，尤其是您一上来就声称人类存在相同的需求。"

我建议他具体谈谈他为什么感觉和他的妻子没有相同的需求。以下是他的回答：

"几个月前，我们大吵了一架。要知道我俩都是上班族，而且我们有三个孩子。一个周末，孩子们被邀请到他们表兄家玩了。星期五，我下班回到家，又累又……唉（长叹一口气），我真想和我妻子一起下个馆子。结果，她根本不想去！她想待在家里看电影。于是我对她说，她永远不理解我的任何需求，而她给了我完全相同的回答。我俩都很烦躁，最后我是在孩子们的卧室睡的。从那以后，我们不断地感觉到我们没有共同的需求。"

"那天晚上，你回到家的时候，是什么感觉？"

"唉（又叹一口气），我很累。"

"这听上去是一种令人不快的感觉，因此它说明一个需求没有得到满足。您能告诉我这是什么需求吗？"

"这很简单，当然是休息的需求。所以才有了那天晚上想去饭馆吃饭的念头。不用做饭，不用洗碗！"

“因此，您当时的疲惫感说明了一种想要休息、放松的需求。与此同时，我观察到您在谈到您的疲惫时总是叹气：两次您都长叹了一口气。我明显感觉到这表明了另一种需求。叹气表明了什么？如果您再深挖一下，您当时还有怎样的感觉？”

蒂埃里停了一会儿，思索着。

“好吧，我想除了一周的疲惫——我们从周一就开始奔波，这种疲惫还要更久些——我们奔波了几个月、几年了，工作、孩子、家务……我们眼中都没有彼此了。”

“一种厌倦、饱和的感觉？”

“是的，一种厌倦，深深的厌倦。”

“这种令人不快的感觉说明了哪种未满足的需求？”

蒂埃里重新倾听着自己的内心：“我想我刚刚说过，我妻子和我，我们眼中都没有彼此了。我需要时间和她待在一起，需要联络感情，重新找回彼此，分享亲密的时光。”

当蒂埃里表达他的需求时，他的妻子安德蕾坐在我们围成的圆圈里离他不远的地方，已经落泪了：“不可思议！”她说，“我也有完全相同的需求！我去买了小盘子和我俩都喜欢的葡萄酒，我去音像店租了我们一直没有时间去电影院看的那部电影的录像带，为的是一旦孩子没在家，我就可以为我俩准备一个小小的二人世界。具体地说，是找回我们之间的一点儿亲密感！”

然而发生了什么？是什么使得这对本来有机会在同一时刻拥有同一需求的夫妻反目成仇？哦！他们把自己的请求当成

了一个基本需求，而且固执地坚持着这个错误。先生把他去饭馆的请求当成了一个基本需求，而夫人没听他的；夫人把她待在家里的请求当成了一个基本需求，而先生也没理解！每个人都对自己的立场严防死守，每个人都不自觉地陷入了自己的小笼子里！夫人没听先生的，而先生在说话前也没有倾听自己的内心；先生没有理解夫人，而夫人在说话前也没有花时间理解自己。

蒂埃里和安德蕾现在已经做了一点儿练习，并意识到在他们的请求和他们当时的渴望的上游，一直存在着一个基本需求，于是我建议重演这一幕。如果我们倾听并理解了这个基本需求，我们就会自主地提出各种请求，探究各种渴望，摆脱使我们深陷其中的需求与请求混淆的陷阱。

为了便于理解这个例子，在此我先罗列出非暴力沟通过程的要素：观察（O），感觉（S），需求（B），请求（D）。

“亲爱的，”蒂埃里开始说，“今晚我很累（S），我就想什么也不干，不想做饭，也不想干别的（B），我想知道你同不同意咱俩一起下馆子（D）？”

“亲爱的，我也累坏了。我很高兴（S）咱俩都想什么也不干（B）。而且我感到伤心，因为最近咱俩都太忙了。我需要和你安静地待在一起，只有我们两个人（B），我担心（S）去餐馆的话，服务员会打扰我们，朋友们会让我们分心。所以，我更喜欢安静地待在家里。饭都已经准备好了，咱们共进晚餐，然后，如果你愿意，我还租了咱们一直没有时间去看的那部电影的录像带（D）。”

“你让我意识到这也正是我想要的：二人共度良宵，重新找回彼此间的亲密感，正因为这样，我才建议今晚下馆子。同时，当我听到你待在家里的建议时，我有点儿失望（S），因为我需要换换空气，在孩子们不在的时候走出家门一次（B）。那么既然我们有了问题（以前被称为冲突）的所有参数：放松、找回彼此和换换空气的需求，我们能找到怎样的解决方案和具体行动来满足这些不同的需求呢？”

在这次研修班上，如此重演并破译了他们的交流之后，蒂埃里和安德蕾找到了他们那晚共同喜欢做的事，那就是一起去小区里的湖边散步，带着一篮子野餐和一小瓶白葡萄酒。以前他们相爱时经常在那一带手挽着手散步。后来他们在现实生活中随波逐流，甚至忘记了这个地方。然而，这样的散步恰恰能够满足他们放松自己、找回彼此和换换空气的共同需求！

这个例子主要阐明了以下四点：

① 如果我们不留意区分我们的真实需求与我们的请求，我们就会自己落入陷阱，并有可能把对方也带入陷阱。当我们追溯到我们的请求的上游去识别我们的需求时，我们就给了自己自由。通过例子我们看到，我们可以用各种方式满足我们对与配偶之间的亲密感和找回彼此的需求，抑或对休息的需求（下馆子、散步、看录像、看电影）。我们摆脱了只存在一个和

唯一一个解决方案的成见。

② 当我们协调我们的真实需求而不是为我们各自的请求打架时，我们便将彼此从陷阱中解放了出来，并给了彼此一个相处和施展的空间！蒂埃里和安德蕾曾疲惫不堪地追赶生活的节奏，没有时间相处，也没有时间创造一个令他们真正满意的良宵。在协调了他们的需求后最终找到的解决方案，比起他们之前建议的速战速决的方案，显得更加新颖，更令人满意。

③ 有必要看到的是，我们经常会跳到那种“权宜之计”的解决方案中。我曾经为一家美国公司做过很长时间的法律顾问，在这家公司中，“简单粗暴”一词常用来形容在没有时间找到最适合的解决方案的紧急情况下找到的快速解决方案。

于是，蒂埃里从办公室疲惫地回到家后，决定“速战速决”地带妻子去饭馆吃饭，而安德蕾干了一天活儿后筋疲力尽，一头扎进了街角熟食店的饭菜和录像带的想法里。这两个提议自然各有道理。但是，似乎二人中没有一个能真正花时间想想：“实际上，我今晚感觉如何？做什么事能真正使我开心？”

这是我们所受教育的导向所致：试图用脑子解决问题，而且要迅速解决！运用我们的智力和我们的行动能力去获得一个立竿见影的结果，尽可能快地从发现问题过渡到解决方案，而不花时间去倾听问题本身的诉说。

前段时间，我从洗碗机里拿出餐具，把它们放进厨房的抽屉里。在关上抽屉的一刹那，抽屉在半道卡住了。“啪！”我用胯使劲一顶，试图强行关上抽屉，可抽屉不但没有关上，我的胯还被撞疼了，抽屉的一角损坏了，一把可怜的叉子也撞弯了！简单粗暴！我蒙了。哪个“强行解决问题”的旧习惯占据了我的头脑？我一直以为我已经成功地摆脱了自己的暴力，可见我在接纳和倾听方面仍需要提高。看到抽屉被卡住，把它拉出来，探身观察是什么卡住了，建议突出的叉子和它的姐妹们躺在一起，重新关上抽屉，就这么简单……谢谢你，叉子，提醒我在寻找解决方案之前去倾听和接纳！

从那时起，我真的越来越相信暴力是一种习惯，是一种如果我们真的愿意就能够摆脱的习惯性条件反射。我会在最后一章中详细谈到这一点。

④ 我们的误解其实是“误听”，它会导致“误表达”“误说”和不说。其实，我们是能够学会谈话时既保持感性，又有力且真实的。

评论

① 我们可能会发现，我们在同一时刻的需求不同：

蒂埃里和安德蕾这对夫妻有幸在同一时刻体会到同一需求，这显然使他们更容易协商他们的请求和采纳共同满意的解决方案。由于他们有机会以一种最终令他们开心的方式澄清误解，所以，他们重新找到了在共同生活中相处的乐趣。

但不是所有的分歧都是这样存在的！我可以再举一对夫妻

的例子，他们在一起来接受培训前已经到了互相扔盘子扔到手软的地步。在几次实践之后，他们学会了互相倾听。他们之间甚至约定，在他们的客厅里摆上一对“非暴力沙发”。当家里爆发争执时，他们会互相喊：“停！沙发！”然后回到非暴力沟通区，那里的命令是：“在这里，我们轮流表达自己和倾听对方。”

一段时间之后，他们发现彼此根本不在一个节奏上，他们各自的需求可能相同，但从来没有在同一时刻体会到过相同的需求，这就使得共同生活难以为继。他们决定分手，手挽着手去公证处和法院，变成了一对互相喜欢和互相尊重的好朋友。一天，他们对我说，他俩现在每周至少有一个晚上见面，并在彼此之间培养起了他们梦寐以求却无法在一个屋檐下取得的友谊、信任和透明。

我们往往很难平静地带着尊重和善意去发现我们的意见有分歧。差异性以及由此导致的不和常常被视为一种威胁。

② 观察非口头语言（例如叹气）：

我们经常感到自豪，准确地说，是为我们那充满细微差别的法语而自豪。然而，那在我们的语言中只占很小的百分比。专家认为，我们的沟通中几乎90%都使用了非口头语言，口头语言只占10%左右！意识到这一点，可以使我们关注自己的肢体语言（声调、说话速度、面部表情、身体姿势）以及对方的肢体语言。要想意识到这一点，请观察一个亲近的人（父母、配偶、孩子、上级领导、教师）的一个责备的或赞许的目光所达到的范围和力量！

上中学时，我们曾经有一位拉丁文兼法文老师，他深得大家的喜爱，尤其是他的幽默和健谈。当他每月一次向我们宣布因为要开一个会，下午第一节课他会晚来10分钟时，他都会带着一种同谋者的神情明确要求我们："回来的时候，我要清楚地听到教室里鸦雀无声！"我们喜欢他的文字游戏，这激发了我们年轻的灰色细胞对学习语言的精妙之处的兴趣。我们小心地遵守了这条命令，因为对他的感情和尊敬。当他开会回来时，他从教室后门进来，一言不发地径直走到黑板前，用一种赞许的眼神凝视着我们，一只手拢在耳后，表示他没有听到任何声音，另一只手拇指和食指并拢，表示他欣赏我们所保持的这种安静的质量。走上讲台后，他开始讲课。我们不需要其他信号来认可我们保持安静的努力。我之所以每一次都被这个小小的仪式逗得十分开心，是因为仅凭他一言不发却简洁有力的出场，就足以令我折服。

第二章

意识到我们真实的感受

Prendre conscience de ce que nous vivons vraiment

我一点儿也不认同所谓的“苦尽甘来”。既然那么苦，还不如去做别的事。能够从工作中得到快乐，才说明工作是适合我们的，而我的喜悦的纯粹——拿但业[1]，对我而言是最重要的指引。

——安德烈 · 纪德（André Gide）

1　拿但业（Nathanaël），《圣经》里的名字，意为神的恩赐，基督的12使徒之一，后人多称其为圣 · 巴托罗缪（St. Bartholomew）。——编者注

为了做好，筋疲力尽

一位男士来到研修班，自我介绍说：“我没有感觉，需求更少。我的妻子，她有一些感觉和一些需求，我的孩子们也一样，我的老板也是，而我，什么也没有。一些责任和一些义务，这我倒是很熟悉。”

“发现这一点后，你感觉如何？”

“这使我悲伤……”

“您看，您还是能够认识到一种感觉：悲伤。”

“是啊！”

“那么这为什么使您悲伤呢？”

“因为我很想分享他们的生活方式，那看上去更有生气。”

“您看，您还可以识别出一些基本需求：分享的需求和更有生气的需求。”

“您说的有道理，”他眼里含着泪说道，“我听过太多人说，男人不哭，男人要控制自己的感情，男人要尽到自己的责任，以至于我甚至不能允许自己去想我可能渴望什么，可能有某种个人的欲望。”

尽管我们常常意识不到，但我们不可能感觉不到。尽管我们相信我们只能倾听他人的需求，但我们不可能没有自己的需求。更何况，我们贡献了大部分的甚至全部的时间，试图满足这些我们没有意识到的需求。

如果我们认为我们只应该倾听他人的需求，而不是我们自己的，那么我们便忽略了我们实际在关注的人类最强烈和最普遍的需求之一：关心他人，为他人的幸福做贡献。

二元论思维使我们相信，关心自己会使我们停止关心他人，而为了全心全意地关心他人，就应该“忘我”！

为什么要把我们对他人的关心和我们对自己的关心对立起来呢？

每当我想到那些献身自己或者为了他人而忘记自我的人，我就感到无限悲哀。这种悲哀告诉我，我是多么希望人们能理解，既然他们不是首先为了自己的快乐和幸福而去关心他人的话，不如去做别的事情。

有多少人，尤其是在教育领域和援助关系中（教师、社会工作者、医生、护士、治疗师），已经或正在鞠躬尽瘁，直至在救治他人和忘记自我中精神抑郁？他们常常给自己实施一种“要做好”的暴力，以至于他们失去了“什么都不做”的能力。他们已经背离自己太远，以至于他们的精力和活力都已耗尽，而有时正是某种打击（抑郁、事故、丧亲、失业）才把他们还给了他们自己。我们自身没有被倾听的那些部分在强烈地暗示我们，那常常以完全无意识的方式持续着的针对我们自己的暴力，呼唤着生命的强烈反应。因此，如果我们活在针对自己、针对生命的暴力（苛求、控制、过劳、负罪感）之中，我们很可能会激起生命的某种强烈反应（事故、疾病、抑郁、丧亲之痛）。

一些人在无意识地为了他人而忘我地工作。在援助关系中，有多少人劳累过度，以至于丧失了自由支配的时间、幽默感和人情味，尽管他们一心想要“做好”，但最终却导致了更多的错误。因此，在医疗领域，疲惫可能导致治疗或护理上的疏忽；在教学领域，过度激励造成的厌倦可能会导致教师排斥或放弃某个需要特别关注的学生。

我曾在一家致力于救助有依赖症、犯罪、厌食症、抑郁症、卖淫等问题的青年的协会中担任志愿者将近10年，我得到了两点启示：

◎为了生存下去，我们急需清楚地区分什么是关心、什么是负责。我将在后面重新谈到这一点。

◎持久地、适当地关心他人的唯一方式就是激发出自己内心深处的喜悦，在为他完成的每一件事情中感受到巨大的幸福。如果这只是我们自身的一部分出于责任、出于牺牲和因为“应该”而做出的行为，同时我们感受到的是一种义务、一种约束、一种负罪感，那么这个部分将“吃掉”我们的精力和活力，并迟早会通过愤怒、反抗或抑郁等表现形式进行报复。

在这方面，我记起了一次围绕着我们在撒哈拉沙漠中为30多名问题青年组织的一次远足的谈话。

“实际上，在旅行中你们玩得很开心，因此你们没有任何功劳！”

“您感到忧虑是因为您需要确保我们很好地照顾了与我们一起远行的那些青年吗？”

“是的，因为你们去那里不就是为了玩吗？”

“您是不是很难想象，我们既可以使自己开心，又可以使他人开心，可以同时关注自己的幸福和他人的幸福呢？”

“实际上，我一直看到的是它们的对立，要么我照顾我自己，要么我照顾他人而忘记自己。”

“如果我对您说我之所以为组织这次旅行而高兴，是因为我同时满足了我对发现、空间和探索的需求，以及我对帮助他人获得幸福并在带他们去冒险的同时分享了我的爱好的需求，您有什么感觉？”

“我没有这样看待过这些事。这对我来说是个新观点，实际上，我因为摆脱了这种对立的观点而如释重负。”

“这不只使您如释重负，还调动了您所有的能量。当时，我的整个身心都投入了沙漠探险中，我付出了全部的活力。我身上没有任何一部分在说：‘唉，我还是待在家里，在壁炉旁看书吧，或者我宁愿和伙伴们去参加冬季运动。’意识到我的需求不是对立的，我就会全身心地投入我所做的事情中，青年们也会感受到这种身心的统一带来的自由和快乐。这唤醒了他们自身对统一、活力、投入和生活情趣的需求。”

让我们再回到需求上来。我们可能时常完全背离自己的感觉和需求，也就是说，禁止自己去感受它们、倾听它们、“建设”它们。然而，我们不可能没有感觉和需求，尽管我们经常根本意识不到它们的存在。事实上，感觉和分享是最深层地满足人类天性的行动。因此，我们最亲近的和最基本的幸福源于我们与自己、与他人和与我们周围事物之间维持的关系的质量。

当我们与自己和与我们亲近的人清楚地沟通时，当我们与自己和与我们所爱的人休戚与共时，当这些关系建立在尊重和信任的基础之上，即我所说的“共同的幸福”之上时，我们将感受到最大的快乐，不是吗？相反，当我们看不清自己时，当我们感到背离了自己时，当我们认不清一种关系时，当我们感觉背离了我们所爱的某个人时，我们将体会到最大的痛苦，不是吗？因此，我们的快乐和幸福并非来自我们所拥有的东西，也并非来自我们所做的事情，而是来自我们妥善处理与人、活动和事物的关系。

自从我试图在生存困境中寻找一种意义时开始，我看到了有些人散发出的一种发自内心的幸福，一种活在人世间的快乐。他们看重的不是活动、所有权和交往人数，而是他们与人、物和要做的事之间的关系的质量，这种质量则基于他们与自己的关系的质量。这些人不求用要做的事和要见的人填满他们的生活，而想用生命来充实他们培养的关系和他们正在做的事。

由此，我认为我们真正的财富、真正的财产，以及我们内心深处持久的快乐的源泉正在于此，即我们与自己、与他人和与我们周围的世界建立深厚、持久、有营养的关系的能力。然而，这种能力的培养却是最困难的！原因如下：

① 实际上，我们很少看到现实的真实面目，我们多数时候看到的是我们认为的现实的模样，或者更准确地说，是我们担心的现实的模样。因此，我们将探讨我们该如何尽可能客观地与真实的现实——而不是我们看到的现实——建立联系（详见第50页“观察但不评判、不解读”）。

② 我们常常把我们的各种关系建立在我们的印象、信念和成见之上，而不是建立在我们个人的真实感受之上，以至于

我们没有适当地倾听自己。因此，我们将探讨我们该如何倾听那些使我们靠近自己的感觉，同时将它们与那些包含对他人的指责、责备或批评的感觉区分开来（详见第67页“感觉但不评判、不解读”）。

③ 我们按照外部的标准，如习惯、传统、强加的或假设的责任（“我认为我应该……”），以及对他人目光（社会压力）的惧怕行事。“他人”可能是父母、配偶、孩子、社会环境、职场，或仅仅是我们不甚了解、不太熟悉的那部分自己（我们怕他评判我们并降罪于我们）。因此，我们将探讨我们该如何倾听我们的基本需求，以及如何识别和区分它们，并确定先后顺序（详见第90页“识别我们的需求，不迁怒于人”）。

④ 最后，因为不能理解并灵活自如地处理我们自己的需求，从而不能理解并灵活自如地处理他人的需求，我们常常会拒绝自己的需求以取悦他人，做个“好人”。而长时间充当好人或者担心自己的需求得不到承认，我们就会把自己的需求强加给别人，或等待别人来揣测连我们自己都无法明确表达，甚至不能识别的需求，如果他们做不到，我们就会责备和评判他们。因此，我们将探讨如何明确表达清楚的、具体的请求，从而使我们的需求在日常生活中具体化，同时考虑到他人的需求（详见第111页“提出一个具体的、现实的、积极的和可协商的请求”）。

在本章中，我们将尽可能地探讨我们在以下每个阶段体会到的意识——

① 观察：我们对自己观察到的、听到的或诉说的某件事情做出反应。
② 感觉：这一观察引起了我们的一种或多种感觉。
③ 需求：这些感觉表明了我们的需求。
④ 请求：在意识到我们的需求之后，我们可以提出一个请求，甚或采取一个具体行动。

你们看，我们的目的不是为了丧失理智，而是使它找回自己的位置！目的是对我们的头脑说："感谢您的良好服务，我经常需要您（在餐馆核对账单、替我报税、编写合同、分析形势、管理我的预算），但不是所有时候。我不想让您像控制塔那样控制我的全部生活、指挥我的所有选择。我也需要相信我的直觉，倾听我的感觉，自如地、尊敬地对待我的需求。实际上，我需要感觉自己是完整与和谐的，我不希望我的头和我的心被分割、被撕裂。我不想成为一个两条腿扛着脑袋的人！"

观察但不评判、不解读

印度灵性导师克里希那穆提（Krishnamurti）认为，区分对一件事的观察和对它的解读是人类智慧的最高阶段。区分事实真相与它在我们内心激起的情感，无疑是一件最困难且最不寻常的事。我们往往为我们对事实的解读涂满颜色。我们对事实的理解掺杂着支配我们的恐惧、希望和推测的色彩。因此我们看到的不是现实（即事实真相），而是我们为自己制作的关于这个现实的多少有点儿虚构的电影——我们往往把我们的全部生活、所有态度、所有思考建立在对现实的主观解读之上，却不明白这种态度会给我们带来多么悲惨的误会与隔阂。

现在，我想请大家通过确认事实来跳出这个解读和投影的陷阱。

从乒乓球到螺旋线

我以为我观察到了这个事实：我的朋友和我赌气好几天了。我差点儿就要因为他的态度而反击他，对他发牢骚或者可能反过来跟他赌气，无论如何，我可能会被焦虑所困扰。于是我从一次解读出发，启动了一个暴力过程。

实际上，我知道他为什么跟我赌气吗？可能他正因为什么别的事情而伤心或忧虑，可能他的偏头痛犯了。我则因为这种态度而伤心或担心，然后断定他在跟我赌气，而没有花时间去与他确认这个事实，我完全虚构了一部脱离现实的电影。这部电影包含两个风险：①我毫无意义地丧失了自制力，这消耗了我的全部精力；②我差点儿侵犯了对方，自己引发了暴力；实际上，我可以找他谈谈，说些诸如“我受够了你给我脸色看”之类的话，而他很可能回答说：“没有啊，我没有给你脸色看。”“你有。”“我没有。”或者，搬出相当常用的说辞：“尽管我给你脸色看了，可那显然是因为你……”然后我们可能进入争论的乒乓推挡阶段：“你没理，我有理”“是这样的”“不是这样的”……而这往往又形成暴力的螺旋线。

事实上，这个方法的基石是尽可能中性的观察：像一台摄像机那样记录事实（话语、身体姿势、面部表情、声调）。因此，我们应该十分留意与他人沟通的“进入”方式。

评论

以下是一个简化的表达方式，旨在帮助理解这一过程：

① 我观察到我的朋友在吃饭时没有说话并且一言不发地离开了房间（O）。

② 这一观察激起了我心中的一种感觉：我感到忧虑、无能为力（S）。

③ 这种感觉表明了我的需求：我需要知道出了什么事（B）。

④ 具体而言，我的请求或我的行动应该是去确认他的感觉，确认他是否在为什么事忧虑，我能否做些什么来缓解他的忧虑（D）。

于是我去找他，说："当我看见你在吃饭时一言不发地离开房间时（O），我很担心（S），我想知道你是否在为什么事发愁，我能不能帮你（B+D）。"

这一表达方式在日常生活中可能显得幼稚而不切实际！我们可以用通俗的语言使它变得更实在一些，少一些学院气，例如，我们可以说："你一句话不说，是不是出了什么事？"无论如何，我观察到，这种谈话的开启方式，即谈论某个主题而不评判、不解读，不仅使我们能更好地支配我们的心灵来倾听对方，而且使对方能更好地支配他的心灵来真诚地与我们谈论他的感受，而不会感觉遭到了批评。

"你总是把一切丢得乱七八糟"

我经常与学校里的孩子们一起"测试"另一个例子。假设您是一个12岁的孩子，您大约在下午4点从学校回到家，下雨了，校车迟到了，您的母亲是这样迎接您的："注意点儿，你总是把鞋乱扔在楼梯上，你又把你的滑雪衫扔在沙发上了，书包又扔在了客厅中间！就好像这个家里就你一个人住似的！去把这些都整理好，快点儿！另外，你的房间简直就是个战场，马上把房间也整理了！”请自问一下此刻您是什么感觉，您是怎样的精神状态。

我经常从孩子们那里得到以下两种反应：

◎“嗯，如果她这么大喊大叫的话，我肯定不会照做，我会烦躁，最终我俩都会抱怨一整晚。”

◎“嗯，我没有选择，我会去整理我的东西，但我会摔上所有的门，每走一步都弄出响声，直到我的房间，并在我的房间里把音乐声音开到最大，以此作为我的报复。”

于是，我当场建议换成以下表达方式。情况是相同的，即下午4点，下雨了，校车迟到了，您的母亲是这样迎接您的：“我看见你的鞋在楼梯上，你的滑雪衫在沙发上，而你的书包在客厅的地毯上（O），我感到伤心和失望（S），因为我用心把家收拾得整整齐齐，我需要你尊重我的劳动，并与我一起保持家里的整洁（B）。我想知道你是否愿意现在就去整理你的东西（D：具体的、可协商的请求）？”

我通常会得到以下两种反应：

◎“嗯，如果我母亲总是这样请求我做事，我会立即去做的。”

“为什么？”

“因为我讨厌别人无理地把一些事强加给我，但如果他们告诉我为什么，让我选择的话，我通常会高兴地去做。我也喜欢回到家的时候，家里干净整齐。”

◎“嗯，这听起来比第一次舒服。家里干净是件好事，我很愿意出力。但是，当我放学回家时，我更希望他们先让我安静一会儿，自在地吃会儿点心。”

于是我们做了一个角色扮演游戏，我扮演母亲。

“你想说你很想去整理，但你累了一天了（S），你想先喘口气？”

“是这样的，我想先吃点儿点心，然后再去整理。”

“实际上，我主要想确保你待会儿还想着这件事（S），而我不是这个家里唯一负责保持整洁的人（B）。你能理解吗？”

“理解，理解。”

“当你一边说着‘理解，理解’，一边已经走向厨房的时候，我不确定（S）你是否已经理解了我的需求（B）。所以我想知道你是否愿意重复一下（D）。”

“好的，你想确定我不会忘记把一切整理好，而你不是这个家里唯一什么都干的人，对吧？”

“正是如此，谢谢。”

评论

① 孩子们通常对谈话的开启方式特别敏感。他们还没有坚强到能抵御我们日常关系中的粗暴态度。因此，在第一个版本中，当母亲使用了诸如“你总是把鞋乱扔……，你又把你的滑雪衫扔在沙发上了……”等言辞时，他们想要回答“不是这样的，两天前我把鞋放好了，而且，我从没有把滑雪衫放在那儿过……”又一次，我们被“是的”和“不是的”控制了，我们差点儿又要开始争论的乒乓推挡了（“你总是这么干”“你就会跟我对着干”“我姐姐会把一切做好”“你永远都只看到问题”）。

第二个版本中的观察（“我看见你的鞋在楼梯上，你的滑雪衫在沙发上……”）是中性的，不加评判，不予解读，声调或面部表情不带有责备或批评色彩（注意！这很难，非口头语言很强大），从而达到了这样的效果：

◎ 它使我们可以用对方听得见的方式清楚地表达我们的感觉和需求。

◎ 它使对方随时愿意倾听和理解我们，从而使我们能够共同找出令双方都满意的解决方案，不只是令母亲满意，就像如果她将自己保持整洁的需求强加给孩子却不倾听孩子休息一会儿的需求时的那种情况；也不只是令孩子满意，就像如果母亲为了对孩子“温柔”而没有说出自己对保持整洁和寻求合作的需求时的那种情况。

以中性的方式表达我们的观察，并不意味着我们要抑制自己的感觉，而是让我们以尊重现实及尊重对方对现实的看法（可能与我们的看法大相径庭）的方式开启谈话。这样，我们便能够把我们的感觉以不评判、不侵犯的方式完整地传达给对方。

② 我与一些孩子做练习时注意到，他们对强迫的反应几乎是一致的。实际上，无论成人还是孩子，我们都讨厌被强迫去做某件事。我们有对理解意义和对行动自由的需求。

意义在这里就指需求："我用心把家收拾得整整齐齐，我需要你尊重我的劳动。"而自由则是由始终可协商的请求的表达方式来保障的（否则，表达的就不是请求，而是强求，我们就会因此脱离我们希望达到的关系的质量）："我想知道你是否同意现在就去整理你的东西？"这恰恰是最难的：接受对方的反对意见！回忆一下，只要我们的需求未被认可，我们往往就会把它们强加于人："立即去整理你的房间！"这不是一个开放式的请求，而是未给对方留任何自由的强求。于是，对方要么顺从，要么反抗，但肯定不会带着帮我们得到幸福的兴趣和快乐去做事！您可能会说："可有时就应该强制要求，并设定限制，我们不能放任一切。"我从中听明白了您对建立结构、给出可靠基准的需求。我们将在后面进一步探讨这方面的内容。

可以说，至今我还没有遇到根本没兴趣帮助他人得到幸福的人，无论成人还是孩子，尽管这一兴趣有时候被很好地隐藏、掩埋在内心深处隐蔽的角落里，或者因为痛苦而遭到反抗。我见过一些专门侵犯别人——尤其是老年人——的青年眼含热泪地谈论他们病中的或生活困难的父母或祖父母。因此我相信，我们完全有能力重新找回这一需求：帮助他人得到幸福。经验还告诉我，如果当事人更加重要的其他需求未被满足，如被认可、被接纳和欢迎，拥有自己的位置，因为自己的为人而非所做的事而被喜爱、被尊重，从各个方面被看作一个人，等等，则其奉献他人的需求可能被阻碍或扼杀。许多拒绝态度是这些需求中的某一个未被满足这一事实的表现。例如，孩子不想整理他的东西，因为这是他表达自我、表达他的差异性或身份、吸引注意力、获得比他的妹妹或哥哥更多关注的唯一方式。正如居伊·科尔诺在他的题为“好男孩好女孩的悲剧”（*Le drame des bons garçons et des bonnes filles*）的报告会上提到的：“如果我没有学会做好事或者我没有为此得到认可，我就会做坏事。”

③ 当我与一些母亲一起做练习时，我发现她们实际上总是愿意倾听和尊重孩子在整理之前喘口气、吃点儿点心的需求，只要孩子认可、分担并实际尊重她们保持整洁和在家务组织方面得到支持的需求。实际上，她们并不是真的想要孩子立

刻去整理，而是她们因为总是独自去整理所有人的鞋、本子、玩具，总是独自关心家里的整洁而感到厌倦。多数时候，除了强求之外，她们没有找到如愿以偿的其他方式。

于是，我观察到，一旦一个人愿意带着对对方的善意和自信心搞清楚他们各自的需求，并确保对方理解了自己的需求，那么家庭或夫妻系统的运转就会发生根本性的变化。

④ 在“你总是把一切丢得乱七八糟”这个许多人认为是客观观察的表达方式中，没有一个词是客观的，或许除了“你”之外。而且，它听上去就是一种指责：

◎“丢”这个字是评判态度而不是观察行为。我厌倦了见到别人的东西总是放在我想看见其他东西的地方，因此我认为他丢弃了它们，而对方可能对这一处置很高兴、很满意。

◎“总是”一词会使人心生同样的厌倦。显然并不总是这样，而且对方当然不会放过每一次回答“不是的，昨天我都整理了”的机会。同时，他会很愤怒，因为我不公平地评判了他，却没有认可他前一天的努力。

◎“一切”一词在这里用得不对。显然不是一切如此，对方当然不会错过让我知道“不是的，昨天我整理了我所有的光盘”。同时，他会因为我没有赞赏这一行为而愤怒，尽管玩具、鞋、运动器械等还是散落在家里的各个地方。

◎“乱七八糟”一词过于强烈了，他会激动地想：“我活着，我玩耍，我创造，我充满活力怎么啦，而你认为这是‘乱七八糟’。你们大人是不是有点儿僵化了？！”

您看，“你总是把一切丢得乱七八糟”这句话里的每个词都激起了对方的抵触、反抗和拒绝。以这种方式开启对话，我们肯定会面临对方的“不合作”，因为当对方感觉自己一开始就受到评判和指责，他就会把全部的精力用于自我辩解和试图对付我们，而不是倾听我们的需求。实际上，在我们寻求对方的认可而不得时，当遇到分歧时，我们倾向于试图通过争论、控制或顺从，急切地重新达成一致。

相反，如果我们通过中性地提及我们担心的对象（中性的观察：“我看到你的光盘在客厅的地毯上，你的鞋在门厅的地毯上，玩具在楼梯上。”）来开启对话，我们会给自己一个机会，让对方了解我们的需求。而且，为了使他不至于把我们的话听成一种责备或对他的行动自由的约束，我们要小心地提出一个开放性的、可协商的请求，比如：“我感到伤心失望（S），因为我在家务方面需要保持整洁并得到支持（B）。我想知道你是否愿意把你的东西送回你的房间去（D）。”

在这个方法中，我们会思考的头脑对我们来说非常珍贵，我们凭借智力中性地读取事实，因此能够使对方注意到我们忧虑的对象，又不会一下子激怒他；或者给我们自己一个使东西回归正确位置的机会，而不必陷入一种往往多少带点儿“偏执狂”的解读妄想中。

尽可能客观地指出事实真相这件简单的事，常常会使我们重新界定事物，并以此给偏见、成见和先验的气球撒撒气，避免它们迅速夺取所有地方，占据我们的所有智力空间和所有谈话。在多少谈判、会议和饭局中，人们都在议论未经确认的事实并基于简单的假设来讨论时局及其影响？如果我们愿意更多地谈论我们了解并已确认的事实，而不是我们担心却未核实的情况，我们就会花更多的心思和精力来发展经济。

练习

我邀请您做以下的练习：观察但不加评判，然后倾听您自身产生的感觉和需求。

不要说：	而要说：
“你迟到了。你总是迟到！我们真是永远不能信任你。”	“我们约好8点见面，现在10点半了（O）。 “我既生气又担心（S）。 “我需要知道发生了什么事，以便确保我今后还能信任你（B）。 “你现在是否愿意跟我谈谈（D）？”
“我真是倒霉透顶了。没有一件事是顺利的。我的生活真见鬼了，我就该一头钻到火车底下去。”	“我刚刚丢了工作，配偶又对我说想跟我分手（O）。 “我感到失魂落魄、无能为力、愤慨，而我好像从没想过我会变成这样（S）。 “我真的需要时间看得更清楚一些，我非常需要找回信心，相信自己有能力战胜这个考验（B）。 “在做出任何决定之前，我会给自己时间去接受这一切（D）。”

（续表）

不要说：	而要说：
“我一无是处。我的确什么也做不好。我一次又一次地失败。我永远也成功不了！”	“我没得到足够的分数通过考试（O）。 “我既失望又愤怒（S）。 “我真的需要，一方面使我的努力得到认可，另一方面相信我有我的价值，即使我现在还不了解它（B）。 “我会给自己时间想清楚，我的学业是否适合我，是否能使我发挥自己的潜力（D）。”
“你一无是处！你永远成功不了。你是个什么也做不好的讨厌鬼！”	“当我看了你的成绩单，看到你数学得了5/10分，化学得了6/10分时（O）…… “我的确感到非常担心（S）。 “我需要放心，需要知道你理解学习这些学科的意义，找到了学习的兴趣，并感觉到很好地融入了班集体（B）…… “而且我想知道你是否愿意花点儿时间来谈谈你的感受和你对这件事的想法（D）。”
“我非常感情用事。”	“当我经历一种强烈的情感时（O）…… “我感到慌乱、不自在（S）…… “因为我需要更好地理解我的感觉，以便能够更令人满意地运用它们，并更好地控制我自己（B）。 “下一次当我感觉产生了一种强烈的情感时，我会花时间从内心接纳它，倾听它对我自己和它所揭示的我的需求的看法（D）。”

在对观察但不评判的重要性加以总结的基础上，我想分享以下三个看法。

① 将对事实的叙述与解读区分开来是刑事调查和司法诉讼中常用的做法。在将事实与法律所表达的社会价值观对照之前，当事各方（警察局、法院和法庭、侵犯者和受害人、原告方和被告方、受牵连的第三方等）应该首先对事实达成一致。

在军队中也适用同样的方法。当我在军队服役时，我曾学过一门名为“观察与报告”的无线电信息课。为了确保按原样描述事实，我们不能被感觉所困扰！

想象一下在战争期间，一名哨兵报告：“我们四面受敌，敌人以最强的攻势向我们涌来，这是进犯。”这样会使人难以做出适当的反应。相反，如果哨兵指出他实际观察到：“一支由15辆坦克组成的纵队由南向北开至距离前线15千米处，一个由100多人组成的部队从河左岸登陆，三架XY型飞机飞过海岸，向西飞去。”这无疑会为指挥者提供更多做出适当决定的机会！我当然不是在这里为军队辩护。我只是指出了一个安全且简明的基本原则，以提高行动效率：查明事实，就其进展情况达成一致，从而在做出解读或反应前知道我们真正谈论的是什么。

出于对安全与效率的价值的同等尊重，很有必要研究我们的观察方式。这不是为了背离我们的感觉和需求，而是为了给予它们充分的空间。

② 评判把他人关进牢笼，现实把我们自己关进牢笼。它把我们与他人、现实与我们割裂开来，把评判对象当成一个真空包装食品包进玻璃纸里，做成一个密封的、隔离的、现成待用的小包裹，放进定见、成见和偏见的冰柜里。当我评判的时候，我既不会去想自己的感受，也不会去想对方的感受。相反，我把自己与我的内心和对方的内心分隔开，只停留在我的

智力空间里。评判使现实凝固。它将现实禁锢在某个方面，并阻挡了它的进程。

然而，生命是运动的。从宇宙和各个星球无限大的运动直到原子和电子无限小的运动，一切都始终在运动。这个星球上唯一固定不变的，是人类固定不变的想法！在自然界，不存在任何固定不变的东西，只有人类发明了确定性的评判！在自然界，不存在任何确定性的东西，一切都有季节、过渡和转变，甚至连山脉都处于运动中。

实际上，唯一不变的东西就是变化，其他的一切都是暂时的、不稳定的、季节性的。一切都是过程，一切都是运动：新月/上弦月/满月/下弦月，高潮/低潮，春/夏/秋/冬，出生/成长/死亡，序曲/乐章/尾声（音乐），前言/主题/结论，儿童/青少年/中年/老年，新手/爱好者/行家/专家/诺贝尔奖得主，种子/胚芽/萌芽/幼苗/生长/开花/成熟/结果/种子/胚芽/萌芽/幼苗/生长/开花/成熟/结果/种子……无限循环。

请大声重复几遍："种子/胚芽/萌芽/幼苗/生长！"这除了让你有个供消遣的口头练习外，你可能还会明显感觉到运动出现了，旋转、连贯，以及由此发生的生命本身的交织和杂交、友谊、种子破壳而出成为胚芽，萌芽变成幼苗。你看到了活力迸发和生机勃勃的进程：在前面的例子中读到的两种表达方式（"我真是倒霉透顶了，没有一件事是顺利的，我的生活真见鬼了，我就该一头钻到火车底下去"和"在做出任何决定之前，我会给自己时间去接受这一切”）之间，难道就没有与熄灭和点亮之间、麻木和觉醒之间、死和生之间相同的差异？就没有与毁灭和创造之间、拒绝和接纳之间、死亡和运动之间相同的差异？

③ 实际上，因为我们有意识，我们内心深处就有确定自己与事物和与人之间的相对位置的需求及运用我们的辨别力的需求。“找出自己与事物和与人之间的相对位置”，我理解为：知道我们在哪里，我们经历的或看到的是否符合我们的价值观和世界观，我们是想继续还是改变，我们能做些什么来改变。我们内心深处有分享价值观的需求，尤其是关于意义的价值观。我们希望人生有意义。

然而，为了满足这两个需求，我们采取了习惯性的、令人恼火的智力评判的态度，而不是用我们的心灵来接纳事物。

在这本书中，我的愿望是指出我们怎样才能自我定位而不做评判；辨别问题、价值观和优先权而不予批评、攻击和强迫；找到并分享人生的意义而不加限制和拒绝。这个过程的第一步往往是确认发生了什么：现实是什么，事实是什么？

一个故事

为了说明我们在做出评判时可能完全搞错的概率有多大，我建议读一个故事。这个故事阐明了这个过程的第一阶段，或者是“观察”，或者是接受现实的本来面目（始终在变化），而不是我担心的它的样子或我认为的它的样子。实际上，故事中的这位老翁可能看上去冷漠无情。尽管如此，我还是愿意引用这个故事，因为这位老翁不愿意被禁锢在僵化的和使人僵化的对现实的看法中。他始终顺应变化，接纳到来的人和事，而他的态度，与那些不安的、聒噪的村民们的态度相比，是一种沉默而自信的高贵的平和。这个故事是这样的：

一个穷人有一匹奇特的白马，并由此引来了富人们的嫉妒。每次有人提议用一大笔钱买下这匹马时，这位老翁总是答道：“这匹马对我而言不只是一头牲口，还是一个朋友，我不想卖掉它。”

一天，这匹马失踪了。邻居们聚集在马棚前议论纷纷：“可怜的傻瓜，你早就应该想到有人会偷走这匹马。你为什么不把它卖了呢？真倒霉啊！”老农则显得比较谨慎：“别夸张，”他说，“我们只能说这匹马不在马棚里了。这是事实。其余的只是你的猜测。怎么知道这是福还是祸呢？我们知道的只是事情的一部分，谁知道以后会发生什么呢？”

人们都嘲笑这位老翁。他们一直以来都把他当成一个头脑简单的人。15天之后，白马回来了。它没有被偷，它只是去野外遛了一圈，还顺便带回来10多匹野马。村民们又聚在了一起：

“你说得对，这不是祸，而是福。”

“我不这么想，”老农说，“我们只能说这匹白马回来了。怎么能知道这是福还是祸呢？这只是一个插曲。我们怎么可能只读一段书就了解整本书的内容呢？”

村民们散去了，坚信这位老翁是在胡说八道。得到10多匹好马无疑是上天的赏赐，谁能否认呢？老农的儿子负责驯服这些野马。其中一匹把他踢倒在地，还踩了他一脚。村民们又一次来发表意见：

“可怜的朋友！你说得对，这些野马没有带来好运。眼下你的独生儿子残废了。谁来照顾你的晚年呀？你真可怜。”

“我说，”老农反驳道，“别那么快下结论。我儿子的腿残废了，只是这样而已。谁能说这会给我们带来什么呢？生活有许多小插曲，没有人能预测未来。”

不久，战争爆发了，村里所有的青年都被抓去当兵了，除了老翁残疾的儿子。

“老头儿，”村民们悲伤地说，“你说得对，你儿子不能再走路了，但他留在了你的身边，而我们的儿子却都去送死了。”

“拜托，”老农答道，“不要急于判断。你们家的青年应征入伍，我的儿子待在家里，这就是你们能说的全部事实。只有老天知道这是福还是祸。”

感觉但不评判、不解读

我觉得……/我感到……

大多数时候，如果您就某种令人担忧的情况问一个人"感觉如何"，他会回答您："我觉得绝对应该这么做或那么做……，我觉得领导们是时候这么做或那么做了……，我觉得完蛋了……"

因此，他在用一种想法、一种观念、一种评论，而不是一种感觉来回答您，虽然问题是请他找到自己的感觉。此人无疑确信已经向您说清楚了他的感觉，因为他的评论是以"我觉得"开头的。

又一次，我们用思考取代感觉的老习惯占了上风。这是一个习惯性反射，但它并非不容置疑。

如果我们想更多地了解自己，想知道我们在某种情形下的真实感受，我们就有必要倾听我们的感觉，同时像这样表达它："我感到担心、悲伤、失望……"这种感觉能够帮助我们识别我们的需求，如此这般，我们就可以找到自己对某种情形或某个人的感觉，不予评判，不加指责，也不将我们对自己的感受应负的责任推卸给对方。只要我们把我们的感受归咎于对方，我们就可以推卸责任；只要我们把打开我们的幸福（或不幸）之门的钥匙交给对方，我们就自己掉进了陷阱。因此很有必要在感觉的词汇表中，区分出那些包含解读或评判他人言行意味的词语。

实际上，因为我们常常认为用“我”来说话就是对自己的感觉负责，所以我们往往会使用一些通常被认为是表达感觉的词语，比如“我感觉遭到了背叛、被抛弃了、被操纵了、被拒绝了”。然而，尽管这些词确实表达了一些感觉，但它们同时也传达了对对方的一种看法、一种解读、一种评判，言下之意是“你是一个叛徒、一个操纵者，你抛弃了我，你拒绝了我”。

您将在这本书的结尾部分看到一张清单，上面列出了那些常用来表达感觉但也包含对他人的评价的词语。这种区分有什么作用？我认为这样做有两个好处。

将真实的感觉与包含解读的感觉区分开来有两个好处。

第一个好处与我们希望尽可能安全地靠近自己而放弃牺牲和抱怨的情结有关。我们的语言以及我们通过语言表达出来的意识越能摆脱对他人做了什么或没做什么的依赖性，我们就越有机会意识到我们的需求和价值观，也就越有机会掌控自己，越尊重我们的需求和价值观。

这里有一个例子。皮埃尔，36岁，经常来咨询并报怨他与妻子之间的关系：

“我始终感觉被我妻子操纵着。”

“您能跟我说一下，是什么使您有了被操纵的印象吗？”

“她对我说：‘你从来不理解我，咱俩天生不和。’”

“如果您倾听一下您在这种被操纵的印象背后的感觉，您有什么感受？”

“愤怒和厌倦。我觉得总是要我理解她，我必须始终理解她，否则我就一文不值了。实际上，我在她眼里的唯一价值就是始终理解她。”

“那如果您倾听一下这种愤怒和厌倦所表达的需求，您想到了什么？”

“想到了被尊重的需求，对我本人的尊重，我需要被看作我的本来面目，而不是她想要我成为的样子。”

“这是不是一种您了解的、您已经经历过的一种您的本来面目不被接受的印象？”

“当然，我觉得我面对的好像是我的母亲；我好像站在法官面前，接受不公平的指控，因为我自己的身份不被认可而愤怒，却又不能主张我的身份。”

“当您回想这些事时，您感觉如何？”

“厌倦和失望。”

“这种厌倦和失望的感觉是不是说明了一种您对更多地接受您自己，更多地考虑您自己，允许您自己更多地活出自我的需求？”

（被感动）“是的，完全正确。”

“如果您认为这些需求的确是正当的，那我建议您大声重复它们，以便给自己一个机会来接受它们，从内心深处体会它们。”

（沉默了一会儿）“好的，我需要更多地接受我自己，更多地考虑我自己，允许自己更多地活出自我。”

评论

我常常在陪伴工作中建议人们大声地说出自己的需求。因为经验表明，当某人听到自己说出了与自己的感受相符的某个需求时，他先是会说：“这不错啊，我的需求，我应该在面谈后再想想，我要把它记下来。”而这个需求会一直是虚拟的，就像在书里或文章里读到的但从未经历过的某个治疗方法；而后他会立即接话说：“但无论如何，一直是这样的，我不认为事情会有所变化。没有解决办法，那识别我的需求有什么用？”这样一来，此人又自己把在意识中刚要冒头的需求埋在了负面思想之下。他甚至没有给需求留下存活和被识别的时间，就把它压抑住了。

我很注意这两种风险，常会请这个人花一点儿时间，慢慢地，在确认自己的需求是正当的之后，大声地再次说出这个需求。

对某些人来说，这是一个简单又快乐的练习，他们自愿加入并最终体会到识别并清楚地表达出他们的需求的快乐。他们最常分享的感觉是宽慰和幸福，而被满足的需求是清楚、理解和开放地面对一条需要探索的小路。但对另一些人来说，这个阶段却非常困难。感受需求的行为被禁止得太久，更别说在某人面前表达需求的行为了，以至于他们无法重复哪怕最简单的句子，比如“我需要我的身份得到尊重”。这几乎是不可能的，话就是说不出来。因此需要做训练工作，可能需要几次课，直至此人感觉能自如地表达自己的需求，谈论它、评论它、识别它的细微差别，即理解它。“理解”，即认可自己。

我总是把这些时刻，无论简单的还是困难的，看作神圣的时刻。这个人在重新适应自己的生活，重新关注自己、整理自己、迎接自己和静心沉思。他重新焕发了活力，有了渴望，看到生命力围绕着他、鼓舞着他，看到他能够倾听自己并由自己的内心引领，这难道不是神圣的吗？

我们在后面可以看到，在识别出需求之后，如何开始采取具体的行动——请求。现在，我们先回到刚才的皮埃尔身上，回到真实的感觉和掺杂了解读意味的感觉之间的关键区分上。只要皮埃尔的意识表示“我感到被操纵了”，他就会一直依赖或顺从于他对对方的态度，并认为对方应对他的不幸负责，因为“被操纵”一词包含着“对方在操纵”这一解读。可能对方的行为的确给了他感觉被操纵的全部理由，但这不是问题所在。

重要的是，要看到当皮埃尔接触到自己的真实感觉和他内心的需求时，他开始摆脱他的抱怨。正是当他开始真实地谈论自己——说实话时，这一过程才开始。只要他或多或少间接地评论他的妻子做了什么、没做什么时，他就止步不前；一旦他真正谈到自己，他就在前进。拉康[1]曾对一位患者说："当您对我说出一句真正谈到您自己的话时，您就治愈了。"

在治疗陪伴的工作中，我们可以看到，可能是作为介入有意识者和无意识者之间来解决冲突的尝试，这句话就是我们共同寻找的，为的是这句话所解放的意识。皮埃尔正是因此进一步意识到了他的感受，这使他真正开始了必要的努力，从而摆脱了负面的母亲情结，最终以开放的心态接受自己、尊重自己。通过两年的陪伴，我看着他从受害者的角色和对酒精的依赖中走出来，成为一个在女性身边、在职业生涯中、在自主性和责任感方面的成功人士。

在解决冲突的日常实践中，寻找真心话有同样的好处：澄清我们对表面现象背后的真正问题的意识并激发我们的责任感。

区分真实的感觉与掺杂了解读意味的感觉的第二个好处是，借助一些尽可能不激起反感、恐惧、抵抗、反对、矛盾、争论和逃避的词语，可以使他人准确地理解我们。回想一下，我们的意图是提高与他人交往的质量。我们不只是希望对方听到我们说的话，我们也希望他倾听我们的感受。就像我们倾听对方时一样，我们不只是希望听到他所说的话，也希望倾听他的感受。

1 雅克·拉康（Jaques Lacan，1901—1981），法国作家、学者、精神分析学家。——译者注

> 推敲我们的语言和我们的意识，剔除那些能激起反对、分歧和分离的部分。

因此，我们应注意推敲我们的语言和我们的意识，剔除它们中能激起反对、分歧和分离的部分，清理它们中“可能被听作”评判、解读、责备、批评、偏见、陈词滥调、较量或比较的部分。因为经验告诉我们，如果他人把我们说的话听作评判、批评、责备或对他的成见的话，他将不会再听我们说话，他会堵上耳朵——有时候非常礼貌地——并准备他的反驳和狡辩。他不会关心我们的感受，他在准备反击或自卫。

皮埃尔的例子

在一场经典的谈话中，如果皮埃尔对他的妻子说：“当你对我这么说时，我感到被操纵了……”他的妻子很可能会答道：“不，我没有操纵你。你总认为自己被操纵了，这最终让人厌烦。”她做了什么？她在自我辩解，她在辩论，她在反驳。因此她没有倾听皮埃尔的心声，也没有倾听自己的内心。她停留在自己的智力空间里。

她还可能这样回应：“是你在操纵，你没看到自己的反应吗……”她做了什么？既然她把皮埃尔的态度当成一种攻击，她就要反击，就要反驳。因此，她没有进一步倾听皮埃尔的心声，也没有进一步倾听她自己的内心。

如果应用上述方法，皮埃尔可以对他的妻子说："当你对我说我从来不理解你，咱俩天生不和（O）时，我感到厌倦和愤怒（S），因为我需要被当作我自己，而不是你想要我成为的样子，我也需要你承认我时常给予你的理解。总之，我需要对我们的关系感到安全，需要确定这不是因为我不总是理解你，也不是因为我不关注你而你也不重视我（B）。我想知道我对你说了这些以后，你有什么感觉（D：具体的、可协商的请求）。"

当妻子听到皮埃尔说他感到厌倦和愤怒是因为他有三个未被满足的需求，同时，他清楚地说出了这些需求，并要求她不带评判、不加约束地表态时，这一切听上去比第一种情形（看到自己被对方间接地贴上"操纵者"的标签）的威胁性要弱一些。另外，第一种情形也没能澄清双方关系中的真正问题。与第一种情形相比，皮埃尔的态度引入了与关系的基本要素相关的更深入的谈话：尊重每个人的身份，认可和尊重彼此的步调，从而使每个人能表达自己的关心，而内心深处的情感安全感也会更少地依赖外部认同的信号。

练习

请您自己试着破译您的感觉标签背后的真实感觉。这里有几个建议：

◎“我感到被抛弃了（换言之，你抛弃了我）。”

下面的说法是不是更准确、更真实呢？

“我感到孤独和伤心，我需要确信的是，我可以依靠你，你心里有我，即使你暂时选择去做别的事情，而不是陪着我。”

◎“我感觉遭到了背叛（换言之，你背叛了我）。”

下面的说法是不是更准确、更真实呢？

“我害怕，我真的害怕，我多么需要能够依靠我们之间彼此的信任和坦率，需要知道你遵守了那些约定和承诺。如果你没能做到，我们可以开诚布公地谈谈。”

◎“我感到被拒绝了（换言之，你拒绝了我）。”

下面的说法是不是对自己和对方都更明白、更有参考性呢？

“我感到不幸、失望和疲惫（S），我需要能够（在配偶心中、在家庭中、在团体中、在公司中、在职场上）占有一席之地并允许自己占有一席之地；我还需要其他人理解这对我来说是件困难的事，而他们的帮助或鼓励对我非常宝贵（B）。我具体能说什么或做什么来满足这些需求呢（D）？我自己能做些什么来获得我想要的改变呢？”

正如我们将在后面关于请求的那一章里看到的，这种意识的觉醒使我们走出了“总是被拒绝的受害者”的情结，因为它澄清了为获得别人的支持，我们具体能做什么；为了改变，我们能够采取哪些具体的措施（D：请求与行动）。

◎“我感觉遭到了排挤（换言之，你排挤了我）。”

下面的说法是不是更负责任、更容易让人意识到你的感觉和需求呢？

“我感到孤独、无能为力和伤心。我内心深处需要被接受，需要交流和归属感。我具体能做些什么来满足这些需求呢？我应当如何改变才能使自己开始满足这些需求呢？”

您看，当使用一种真实的感觉来真实地表达我们的感受时，我们给了自己更多的机会来关注自己、对自己负责，而我们也给了对方更多的机会来关注我们与他谈论的事，来考虑我们的感受。我们“说真话”的能力激发了对方“听真话”的能力。

说真话，听真话

请观察日常的谈话，饭桌上的、公司里的、工作中的，以及接待室里的。我们鲜有真正倾听自己的时候，我们更多的是礼貌地等待轮到我们发言的时刻，同时揣测着我们该如何介入谈话。这是些接连上演的独角戏，这也解释了为什么缺乏有营养的、有激励性的、传递能量的谈话：我们既不说真话，也不听真话。我们相交，却擦肩而过。

我越来越相信，这就是让我们如此痛苦的基本缺失所在。我们缺乏有营养的存在，其根源在于真心相待的缺失。我们既缺乏与自己交流，也缺乏与他人交流。

如果我们不明白这是我们所追寻的，我们就会用各种伎俩来填补这一缺失：我们陶醉于工作、爱情的征服和亢奋状态，我们被占有欲和诱惑冲昏了头脑，我们因酒精、毒品、药物、性和游戏变得愚钝，我们躲在责任、义务、观念和想法的背后。我们有时绝望地期待一个治疗研修班、一次天涯海角的旅行或是一场触及灵魂的经历能神奇地打开我们的心锁，到头来却发现，就像保罗·科埃略小说中的炼金术师[1]一样，我们坐在自己的财宝上，我们的财宝就在我们与自己、与他人交流的心灵中，除了心灵的交流之外，不存在需要占有的其他财产、需要掌握的其他权力、需要品尝的其他琼浆和需要欣赏的其他奇观。正是这心灵的交流把我们与自己、与他人、与世界连接在一起，除了我们爱分割的思想之外，没有什么能排挤我们、疏远我们。

宇宙中的一切都在运转、相遇。这是创造性的运动。

只要我们活在一分为二的意识中（我离开你是为了和我自己在一起，我离开我自己是为了和你在一起），我们就会经历分离、分歧，并因此经历缺失。而通过研究互补的意识、统一

1　详见保罗·科埃略（Paolo Coelho），《炼金术师》（*L'alchimiste*），Anne Carrière出版社，1994年。

的意识，我们才能逐渐通过多样化品尝到和谐，从个体性达到普遍性。

让我们回到感觉上来。在运用感觉时，我请您特别留心意图，并问自己："我的意图是什么？是巧妙地引导对方做我想做的事，还是做能够使我们善意地亲近彼此的事？"当心情感操纵！

因为，另一个陈旧的陋习曾使我们常常把感觉用于控制他人或对他人行使权力的目的："当你在学校得了很差的分数时，我很伤心。""当你不整理你的房间时，我很愤怒。""当我看到你的成绩单时，我很失望。"更有甚者："你让我非常失望。""你让我失望透顶。""你让我筋疲力尽。"

这种行为方式不能表达我们的需求，还会把我们感觉的全部重负压加在对方身上：对方应该对我们的状态负责、负全责，我们要让他付出沉重的代价。我们将自己的幸福寄托在他身上，他应对我们的幸福负责，并为我们的不幸感到内疚。

这样一来，我们就不必为我们的感受负责，我们把决定我们幸福或不幸的过度的权力赋予了对方。我们把我们的幸福遥控器递给了他。他才是操纵遥控器的人，而我们则按照他的意愿从一种情绪跳到另一种情绪。

母亲与孩子的交流

① 经典版本："如果你不整理你的东西，我会伤心的。"

对于母亲，这意味着：

◎ 如果对方整理了，我就会高兴。

◎ 如果对方不整理，我会一直伤心。

我因此给了对方使我一直伤心或让我变得高兴的权力，而不是去做别的事或以别的方式来做这件事的自由。换言之，我操纵着一个感情权力的游戏、一种剥夺了自由的力量关系。

至于孩子，除非他在那一刻理解并分享了与他母亲相同的对秩序的需求，否则他只能对自己说："天哪，妈妈伤心了，这样下去，事要闹大了。我想让她高兴，所以我得照她说的做，即使我不明白原因，即使我不赞成这个原因，即使这完全是违心的。"在一系列自我调整之后，他学会了适应和过度适应对方的愿望，却忽略了自己的愿望。

他还可能对自己说："我没什么要做的，这是我的东西。我想怎么做就怎么做，如果别人强迫我，我永远都不会整理的。"在一系列自我调整之后，他学会了对一切命令的一贯反抗和习惯性争辩。

② 非暴力版本："当我看到你的本子在桌上，你的衣服在地上时（O：中性的观察，告诉对方我们谈论的事实，不加评判），我感到恼火（S），因为我需要有人在开饭前帮我布置碗

盘（B），我想知道你是否愿意整理这些东西（D：具体的、可协商的请求）。”

母亲感到恼火，因为她有一个需求未得到满足，而不是因为孩子本身。她告诉了孩子这个需求，并向他表达了她恼火的感觉，但没有责备他，然后提出了一个可协商的请求，给了对方选择的自由。

而孩子，在有机会或自由来找到自己与母亲提出的需求之间的关系后，可能会说：

◎是的，我愿意整理。

◎不，我不愿意，因为我想等会儿再干，或者我不干而让我兄弟去干。

您可能会怀疑这种交流的有效性，而且您可能对自己说：“哦！对我的孩子，这是不可能的，如果我不强迫他，我就什么也得不到……”如果是这种情况，请从内心确认您的感觉：您难道不厌倦这种局面吗？以及您的需求：您难道不是更愿意分享您的价值观（比如秩序）和您的需求，而非每次都激发对方的抵制，或者必须强迫对方吗？

如果您认识到自己的这种厌倦和需求，您应该为此而喜悦，这本书您读对了！分享、传递和交流我们的价值观，既不强迫也不顺从，这正是实践我介绍给您的这个方法的益处之一。

▌服从与对自己负责，这不是一回事。

通过说出需求，一方面，我们认清了自己，并对我们的感受承担起全部责任；另一方面，我们告诉了对方我们的感受，同时尊重他的自由和责任。我们请他对自己负责，而不是服从。由此，我们请他建立与自己的关系，同时建立与我们的关系。

看到我如此重视真实感觉的表达，重视识别我们自身的需求并以非强迫性的请求的形式告诉对方这一需求，一位参与培训的女士有一天对我说了以下这段话：

“实际上，我觉得我通过讲座和讨论学到了一种非命令式的语言和‘用我说话’的方式，我因此认为已经学会了单纯地谈论自己，因为我用‘我’而不是‘你’说话，但是这个‘我’允许我心安理得地在对方面前倾倒我的负面情绪垃圾。比如，我对丈夫发牢骚：‘我筋疲力尽，因为你不管孩子……，我忍无可忍，因为你一点儿也不帮我……，我受够了你总是不在。’

“他也听了讲座，于是他回答我：‘亲爱的，用第一人称，跟我谈谈你，谈谈你的感觉，谈谈你想要什么。’

“于是，我说：‘可这正是我所做的，我对你说我发现你外出太频繁，你应该多帮帮我，是时候改变这一切了……’

“而他说：‘可我帮你了呀，而且我的工作让我没法选择。你总是抱怨。’

“在这一交流中（我们几乎不能说这是对话，我尽情地抱怨，他则争辩和反驳我），我们没有尝试去靠近对方。我们企图把对方拉回到自己身边，却徒劳无功。我现在明白了把感觉和需求一起表达出来对于澄清问题和赋予责任是多么重要。”

父母与孩子的交流

① 经典版本：“当我看到你这个月的考试成绩时，我真的很灰心，而且对你很失望。如果你继续这样，你这一学年都不会好的。然后你也别打算以后能找到好工作。看看你姐姐，她比你自觉多了。”

我在利用感觉使对方带着恐惧、内疚或羞耻做出反应。请您站在孩子的角度重读这个版本，确认您自己感觉到怎样的精神状态，以及在您听到您的父母这样发表意见之后，生活对您来说会是怎样的滋味？

② 非暴力版本：“当我看到你这个月的考试成绩，尤其是数学6/10分、统计学5/10分时（O：既中性又详细的观察，向对方指出我对什么做出了反应），我感到担心和忧虑（S）。我需要确保两件事，第一，你理解学习这些学科的意义，你知道它们将来对你的用处；第二，你在班上与你的老师相处融洽，你感到被接纳，如果你有困难，你能自在地说出来（B）。同时，你是否愿意跟我说说你的感觉——你对这件事的感觉（D）？”

请您再一次站在孩子的角度扪心自问，如果您的父母这样表达他们的意见，您有什么感觉？什么能量在支配着您？生活对您来说意味着什么？

当我与一些孩子做这个练习时，他们的反应是明确的。在第一个版本中，他们感觉受到了评判、不被理解、被否定了，为了摆脱这些感觉带来的不适，他们要么发牢骚和争辩（“是老师和学校无能”），要么装作无所谓（“哼！这一点儿都不重要，只是一个无关紧要的小测验罢了”），或者他们直接表现出对做这些事的意义的不解（“不管怎样，如果最终仍然要失业，那么上学毫无用处”）。

在非暴力版本中，孩子们感觉到有人关注他们的困难并接受他们的努力。父母想要不加评判地理解他们，这感动了他们。自由谈论此事的建议（不必担心被强迫，不必面对期许，不必达到某个结果）给了他们自由表达的权利。在以下两个部分，即“沟通，也是给予意义”和“倾听但不评判”中，我建议您观察和分析两个青年——让和伊莎贝尔——在面对父母与孩子交流的第二个版本时的反应。

沟通，也是给予意义

以下是14岁的学生让的反应：

“我很想对我父母说，对于数学，我无能为力。我希望他们告诉我为什么我应该学这个，但他们总是回答说‘因为这是教学大纲要求的’或者‘因为必须学’，甚至还会说‘人这一辈子不可能总是做自己想做的事’。而我需要谈谈这件事，明白为什么。”

“你想说你需要理解你所做的事情的意义，如果你不理解它的意义，你就不愿意去做或者你就做不好？”

“是的，正是如此。如果我看不到意义，我就需要他们给我解释。”

评论

我认为这是沟通的基本要素：给我所做的事或我想做的事一个意义。上几代人中的一些人，乃至我这代人中的一些人，曾听到过这样的话：“事情是这样的，因为它就该是这样。”“不要总是提问题。”“你以后就会明白的。”“有些事必须做，无论你愿意与否。”当然，更别提那个“这是为你好”的悲剧了，它摧残了那么多心灵，精神分析家爱丽丝·米勒曾专门为此写过一本很有名的书。这本名为《这是为你好》的书清晰地阐明了这个从儿时起就孕育了暴力的微妙机制，[1]而正因为它隐藏在好意的妆容下，所以更难察觉。非常幸运的是，这种

1 详见爱丽丝·米勒（Alice Miller），《这是为你好》（*C'est pour ton bien*），Aubier出版社，1984年。

态度越来越少见了。青年一代要求了解意义，并拒绝做那些他们认为没有意义的事情。这是一种新的形势：成千上万的年轻人在质问上一代人有关意义的问题，并拒绝盲目地服从和遵从命令、习惯和规律性。我从中看到了一个奇妙的趋势，它能使人类更多地意识到自己行为的意义而变得对自己的所作所为更负责任。当然，这个转变必然会经历冲突和痛苦……如果您是父母或者只是成年人，您是否始终清楚地了解您所做的事情的意义呢？您是否总能说出并解释引导您全部行为的价值观或需求呢？我们每个人都迟早会重新审视自己的生命和对优先事项的定义，并研究它们的意义。许多家长、教师和教育工作者的不适感的实际原因，往往在于年轻人以直接或间接的方式要求重新确定自己的优先事项，（重新）定义自己的行为和生命的意义。以下这个小故事就证明了这一点：

一位做生意的父亲告诉我，他12岁的儿子问他为什么每天要工作10小时，为什么他总是不在家。

“为了挣钱养家。”父亲回答。

“是的，但这又是为了什么？”孩子又问。

“为了我们过得安全、舒适。”父亲说。

“如果是为了我的安全和舒适，我更愿意您每天下午4点到学校接我，然后我们一起去运动。”

“…………”

这位父亲重新审视了他的优先事项，在与儿子协商后，他们约定，每周一次在放学后一起去运动。

您看，生活是多么需要您做出改变和更新啊。

倾听但不评判

以下是15岁的学生伊莎贝尔的反应：

“有些事我很想和我父母谈谈，如果他们给我这样的建议，我会感觉跟他们谈话更自在些。”

“你愿意告诉我是什么事吗？”

“是的，我在这个班里感觉一点儿都不好。由于教学大纲和课程分配的原因，我是我们班里唯一一个需要和另一组学生一起上这门数学课的人，而这组学生中大部分人已经互相很熟悉了。我的确很难融入他们，也很难自在地提出困扰我的问题。我一说我不明白，所有人都会打趣我，甚至嘲笑我。于是，我什么也不说了，尤其是再也不提问题了。”

“你是不是在这种情况下感到孤独（S），需要被其他学生接纳和理解（B）？”

“是的，是这样的。”

“你是不是也想和你的父母谈谈这件事，以便获得他们的理解和可能的支持（B）？”

“是的，但是他们不相信我。他们认为我不学习，一切都是借口，我应该更努力……”

“于是你感到失望，可能还很生气（S），因为你的确需要他们明白这与其说是一个学习问题，不如说是一个班级氛围的问题（B）。”

“的确如此。”

“你可能感觉厌倦了你所做的所有努力（S），你可能只是需要他们关注你的苦恼（B）。”

（眼含热泪）“是的。说到底，我只是要求他们理解我，只是想要表达我的感受。我不是真的需要他们帮助我或者做什么具体的事情。我想要他们听我说，但不要评判我。”

我常常听到这个简单的需求：被倾听但不要被评判。是什么使得这些父母这么难以倾听他们青春期的孩子呢？大多数时候，我发现这是因为他们认为他们应该做些什么，有所行动，有所表现，获得一个结果、一个解决办法，而且如果有可能，应该立即获得。然而，可能他们没有找到解决办法，感觉无能为力，或者可能因为尝试找到解决办法而疲惫不堪。因此，为了摆脱无能为力、恐惧或疲惫带来的压力，他们要么通过否认问题来逃避（“可这没有那么严重……，你完全是在编故事……，自己加把劲儿……，生活并不总是那么容易……”），要么侵犯孩子（“这是你的错，你学习不够努力……，如果你多复习复习你的功课……”），而不是直接花时间去和他们的孩子相处，真正地倾听他们的心声。

请注意，孩子可能采取同样的态度：侵犯——“我父母什么都不懂……，他们一无是处……，我厌倦这一切……”或者逃避——“我再也不跟他们讲任何事情了……，我要慢慢地溜走……，我要安静地走开……”，却没有实现真正的交流。幸运的是，倾听是可以学习的。

互相侵犯、互相躲避还是互相交流

1999年我在蒙特利尔看过一部戏剧，剧中说过这样一段话：“当你们得知临近的部落正准备进攻你们的部落时，你们有三个选择，这三个选择是：以最快的速度逃跑；拿起武器立即侵犯他们；手无寸铁地走向他们并希望你们能互相拥抱。”

在夫妻之间、家庭中或学校里发生的战争，正如种族、宗教、政治或经济战争一样，我们身处其间有着同样的选择：逃跑、侵犯或去与对方交流。

在前面提到的两种反应——让的反应和伊莎贝尔的反应中，我们看到出了问题的学业成绩只是一个附带现象、一个症状。如果只针对表征下药而不追根溯源，那么最好的结果是什么也得不到或者得到外在态度的改变（他会说一切都好，或者作为补偿，他会疯了一样地学习），而这并未解决根本的问题（如何找到他所做的事情的意义？当他难以融入一个集体中时该怎么做？）；最坏的结果是使症状加剧，比如他会这样想：“啊！没人理解我，我得做些什么才能得到真正的理解？不如先逃课，然后完全退学，然后可能彻底消沉下去……”暴力的机制就是这样在无法沟通的情况下启动的：

“我不告诉你我的真实感受，你不倾听我的真实感受；我发牢骚，你害怕了；我反抗，你控制；我更强烈地反抗，你加强控制；我爆发，你镇压……”难道你就不为这种被完美操纵了几个世纪的游戏感到厌倦吗？我们能不能互相倾听呢？

当然，互相倾听和互相交流并不容易。这是一种需要练习的做法，正如我们学习一门新的语言或一门新的技艺一样。

关于我们的感觉

在本书的结尾，你会找到一份感觉清单。这份清单并不详尽，它来自对专题研讨班中经常识别出的感觉的观察。有意识的非暴力沟通中不存在积极的感觉和消极的感觉之间的典型区别。悲伤和快乐都在告诉我们关于自己的信息；愤怒是一种非常可贵的信号，因为它说明我们自己或他人身上有许多活力。被看作积极的或消极的是这些感觉的后果，而不是这些感觉本身。因此，我建议区分以下两种感觉：

◎令人愉快的、告诉我们需求已被满足的那些感觉；

◎令人不快的、告诉我们需求未被满足的那些感觉。

此外，您还会找到一份带有评价色彩的感觉清单，它们也很宝贵，但他们更常见的是作为印象、形象和感情，而不是感觉，从而使我们能够倾听这一印象背后支配我们的真实感觉，那种没有被我们准备给予对方的态度所干扰的感觉。

表示真实感觉的词语与表示带有解读色彩感觉的词语之间不总是存在绝对清晰的界限。我们有必要再次澄清我们的意图：是我们的意图在告诉我们，我们是正在评论他人做了什么或没做什么，还是正在尝试理解自己。

识别我们的需求，不迁怒于人

为得到我们想要的东西，把恐惧感、负罪感和羞耻感作为工具？

回忆一下，作为好男孩或好女孩，我们主要学会了如何倾听爸爸、妈妈、奶奶、弟弟、邻居、老师等人的需求，倾听除了自己以外的所有人的需求。我们因此养成了习惯，相信我们或多或少对他人的幸福负有责任。如此一来，我们更多地接受了我们有负于他人的一成不变的混乱印象，而不是关于每个人的责任的明确界定。

与此同时，我们养成了习惯，相信对方或多或少对我们的幸福负有责任。如此一来，我们更多地接受了他人有负于我们、亏欠了我们的一成不变的混乱印象，而不是关于每个人的责任的明确界定。

> 我们更多地接受了每个人都有负于他人的一成不变的混乱印象，而不是关于每个人的责任的明确界定。

于是，我们常常等待对方来关注我们的需求，而我们自己却没有用心识别它们，或者我们向对方提出的请求像是强求，却不告诉他我们的需求是什么，甚或我们的需求就是“关于对方”的。例如，我需要：

◎ 你做这或做那；
◎ 你改变；
◎ 你成为这个样子或成为那个样子。

如果对方没有按照我们期望的方向做出反应，我们就会用批评、责备、评判的方式来发表意见：“无论如何你可以努力一下……，我为你做了这么多……，你真是个顽固的自私鬼……，如果你继续这样，我就走或者我就惩罚你。”

这样的表达方式没有说出我们自己的任何感受，同样也没有告诉对方任何信息。它使我们始终依赖对方做了什么或没做什么：如果他照我们说的做了，我们就满意；如果他没那么做，我们就不满意。就是这样！

的确，由于不了解自己的需求，也没有以可协商的方式表达它们，我们常常利用恐惧感、负罪感或羞耻感来获得我们想要的结果。

意识到自己的需求，可以帮助我们认识到自己的需求是客观存在的，无论我们的处境如何，以及与我们相处的人是谁。后两者只是激活了我们对这一需求的意识，给了我们一个满足它的机会（还有很多其他机会）。实际上，我们的需求的存在早于任何处境。因此我们始终有得到认可或理解的需求，即使我们独自在山上或海边散步。可能这种需求不一定在那一刻被激活，但这个孤独的时刻可能是一个机会，让我们找到自己需要的认可或理解。然而，需求是我们的一部分，当我们重新融入集体、家庭和社会中时，它会重新变得更容易感知。

当我还是孩子的时候，我的感情需求可能主要由我的母亲和父亲的关心来满足。在成长过程中，我还可以通过与我的兄弟姐妹们的关系来满足这一需求，之后是与班上的男女伙伴们的关系，再往后是与第一个女朋友的关系，以及恋爱关系和朋友关系。在多年的感情寂寞中，我得以验证了我对感情的需求是存在的，即使它未被满足。今天，我意识到这一同样的需求毫无疑问地首先通过我与我的妻子和孩子们的关系得到了满足；与此同时，我也意识到这一需求还通过我与其他人的关系得到了满足：朋友、工作伙伴、陪伴面谈的对象等。我还意识到，我可以通过陶醉于我喜欢的一首乐曲、沉浸在枝繁叶茂的森林中或满怀欣喜地注视夕阳西下或春天的来临来满足这一需求。

于是，我不再等待我的妻子和孩子们来满足我所有的感情需求。

这种态度包含两个好处。一方面，我敞开心扉迎接这人间之爱的非凡潜力，正如里尔克在这句诗中描述的一般："准备起飞的仁慈守护着万物。"[1]我深信，如果我们准备好品尝不断以人间百态呈现给我们的全部的爱，我们的内心将更加安宁。不幸的是，正如米歇尔·德劳内所说："（我们的）悲观使我们只看到大家所看到的，而我们的心不在焉使我们看不到重要的事情。"[2]

另一方面，我让对方（这里指我的妻子）自由地给予我她想给我的东西。她不是我的感情需求的排泄口，她不是那个来劝我只做好我这一半的另一半，她不是我所缺失的一种无条件的母爱的投影。她是她自己，完整的自己，既是女人，又是妻子和母亲。在一起时，我们不想做角色扮演游戏，即使我们能够完美地操控这个游戏，我们想要的是自由而且有担当的两个人之间真正的关系。

1　莱纳·玛利亚·里尔克（Rainer Maria Rilke），《定时祈祷书》（*Le Livre d'heures*），Le cri出版社，1989年。

2　米歇尔·德劳内（Michèle Delaunay），《模棱两可是最后的乐趣》（*L'ambiguïté est le dernier plaisir*），Actes Sud出版社，1987年。

于是我观察到，表达我们的需求，同时将它与我们对对方或多或少的期待区分开来，一方面为我们打开了所有可能的解决方案（其中可能有对方的介入，但不是唯一的）；另一方面确保了对方的自由空间，换言之，我们可以告诉对方："我明白了你的需求，同时我有另一个需求，我们该怎么做来照顾彼此的需求，既不让你的需求有损于我的需求，也不让我的有损于你的？"

这就是允许互相交流的自由。

正是我们给予对方的自由使我们心心相印

为了说明对方的存在不是为了满足我们的需求，即使他可以为此做出贡献这一事实，我谈到了我的夫妻关系，原因有二。第一，我曾经有很长一段时间都是一个害怕感情投入的单身汉，尤其害怕要完全忘我地满足对方的所有需求。在我的恋爱经历中，只要恋人"威胁"要组建家庭，我就会想方设法搞破坏，并且大胆地让对方考虑是否决定离开，我既不做出继续交往的决定，也不做出分手的决定，一贯如此。我现在明白了，我的恐惧表明了以下需求：

◎ 需要确保能够在与对方相处时保持完整的自我，不是一方或另一方，而是一方和另一方；

◎ 需要能够继续在靠近对方的同时靠近我自己，不只是一方或另一方，而是一方和另一方；

◎ 需要能够交流感情，相互理解和支持，而不需要为对方负责，也不会被对方负责（所谓“给自己找了个妈”）；

◎ 归根结底，需要与一个有足够的内心力量和自尊而自主和有担当的人建立关系，她因为我的本来面目而不是她希望中的我的样子而爱我，而我也因为她的本来面目而不是我梦想中的她的样子而爱她。

我不想在满足对方的感情、安全感或被认可的需求中度过一生，也不想让对方为了填补我的缺失而活着。因此我从内心深处需要我们每个人都识别出并表达出这些需求（感情、安全感、被认可），从而确定即使对方愿意帮助满足这些需求，那么他也不是唯一能够这样做的人。这一自由、呼吸和信任的空间对于我的投入是不可或缺的，而今天我深深地体会到了与我的妻子分享这种相互理解的幸运。我现在明白了，正是我们给予对方的自由使我们心心相印。

我谈到我的夫妻关系的第二个原因，是因为我有机会在陪伴面谈过程中观察到如此多的单身人士或夫妻遇到了一些困难，例如：“我尽量使我的存在不影响他/她的存在，不使他/她害怕，不使他/她感觉被抛弃了。”“我不准我做自己（另外，我甚至不知道人可以做自己），从而不打扰到他/她，避免他/她有不安全感。”“我如此约束自己以维持家庭、家务、工作和个人境况，以至于我害怕他/她的反应、不安全感、得到认可的需求或融入家庭和社会的需求。”“我为他/她做了一切，而他/她让我感到窒息。”[1]“交往时我不敢保持自我，我变成了对方期望我成为的样子（或我认为对方期望我成为的样子）或者我离群索居。”

我们的关系中的这些困难可以归纳为一类问题，我认为它越来越多地代表着人类面临的基本挑战之一：如何在与他人相处时保持自我，以及如何既与他人相处，又不丧失自我？

如何既与他人相处，又不丧失自我？

这个问题往往通过暴力来解决，要么是对外的暴力——我强迫对方去做我期望的事或成为我期望的样子，要么是对内的暴力——我强迫自己去做对方期望的事或成为对方期望的样子，而这是因为我放任自己跌入了一分为二思想的陷阱。回忆一下我在第一章中列举的引发暴力的四种机制：评判、标签和类别；先验、偏见、成见和习惯性思维；二进制或二元论，即“要么……，要么……”或“……或者……”；推卸责任的语言。

我认为，对一分为二思想带来的暴力最普遍的解释就是：

1 在这方面，我推荐阅读居伊·科尔诺的著作《难道没有幸福的爱？》（*N'y a-t-il pas d'amour heureux?*），Robert Laffont出版社，1997年，第142页。

悲剧地相信为了关心他人，应该背离自己。这种信念有以下两个后果：

① 如果我们关心自己，就意味着我们背离了他人。结果人们的内心便充满负罪感，因为“我们为他人做的永远不够”，即使我们已经筋疲力尽；只要我们有片刻的喘息（几分钟的懒觉或午休，一周有几个小时为自己而活，几天无所事事的休假），我们就会被这个愧疚的意识啃噬。

② 如果我们即便有负罪感，也想做到关心自己，那我们就会认为我们应该背离他人。由此导致了许多的断交、分手、离婚、逃跑和自我封闭，因为“我做不到在与对方相处的同时保持自我，所以我与他分开了”。

好像如果我们不能关心自己，我们就能适当地关心他人；好像如果我们从未有些许倾听和理解自己的需求，我们就能适当地倾听他人的需求；好像如果我们不给予自己尊重和善意，如果我们不容忍自身的矛盾，我们就能尊重和善待对方的差异甚至矛盾。再次重申，在走向对方的路上，我们不能省略走向自己的路程。

放弃一分为二思想

我们需要放弃用“……或者……”和“要么……，要么……”来表达的一分为二思想，从而进入用“既……，又……”来表达的补充思想：我既需要保持与他人的关系，又需要保持与自己的关系；不是与一方或另一方的关系，而是与一方和另一方的关系。

> 在走向对方的道路上，我不能省略走向自己的路程。

因此，为了避免使我们处于割裂、分离和分裂状态的粗暴的一分为二思想，我们完全有必要好好理解我们的需求，区分它们，分析出优先事项，从而变得越来越能够感同身受地理解对方的需求，接受对方的优先事项，并在与他处理这方面的问题时变得越来越自如。如果我们没有意识到我们的需求，我们就不太可能自在地谈论它们，更不可能与对方协商这些需求，因此我们会迅速地将我们的解决方案强加于人，或服从他人的解决方案，甚或采纳控制与服从这两个极端之间的任何妥协。

例如，我们可能会维持以下关系：

◎ 诱惑的关系：一方面用权力控制对方，另一方面依赖于对方的欣赏；

◎ 争辩的关系：谁错了，谁对了，我对说一不二上瘾；

◎ 比较的关系：谁做人或做事较好，谁做人或做事较差，我把决定好与不好的权力委托给别人，或者我决定好与不好，我迫使别人按我的方式做人或做事，或者我服从对方做人或做事的方式；

◎ 算计的关系：他/她拥有的比我更多或更少，我得到的、赚的更多或更少，我做的比你做的更多或更少，等等。

在所有这些类型的关系中，我们还不是一个自由的、负责任的人，我们还有依赖性。我们没有完全按照喜好去给予、奉献和分享，而是因为恐惧而错过、遗落和迷失。

因此，我越来越觉得人际关系中的自由和责任，必须以很好地理解我们彼此的需求为前提，而这则基于处理好我们与自己的关系。

需求既不是欲望也不是渴望

这里涉及一个新的关键区分。需求既不是欲望，也不是渴望，也不是一时冲动。我们经常给自己设置陷阱，把某种羡慕或欲望当成基本需求。这是一个重要的区分，蒂埃里和安德蕾夫妻俩的例子（详见第一章）就很好地说明了其中的两个原因。

第一个原因：走出陷阱。当先生把他去饭店吃饭的渴望当成他的基本需求之一时，正是他给自己设了个陷阱，而不是夫人。同样，当夫人把待在家里看电影的渴望当成她的基本需求之一时，正是她给自己设了个陷阱，而不是先生。当先生对夫人说“你一点儿也不理解我的需求”时，实际上他应该指责的是他自己。当夫人对先生说“是你一点儿也不理解我的需求”时，她应该指责的是她自己。

这仅仅是因为，如果他们中的每个人都决定像他/她期望对方向自己走来那样，自己走向对方，那么出了问题的那个晚上以及这对夫妻间所有的相处便都能够得到改善。他们就会实现以下的交流：

◎ 先生向夫人指出他的需求，但没有强加于她（请求是可协商的）；

◎ 夫人倾听了先生的需求，但没有感到被强迫去服从；

◎ 夫人向先生表达了她的需求，但没有强加于他（请求是可协商的）；

◎ 先生倾听了夫人的需求，但没有感到被强迫去服从。

我需要……≠ 我需要你……

正是这种表达和接收信息的自由使我们在没有强制、没有阻力的情况下找到令双方都满意的解决方案。

第二个原因：更有创造性。当先生和夫人绝望地紧抓着各自的渴望不放，而没有确认这种渴望上游的需求时，找到的解决方案（下馆子或看录像）都不如夫妻俩在重新进行了非暴力对话后找出的解决方案有创造性，且令彼此满意：到湖边野餐的具体办法比其他两个建议显得更新颖、更有趣。

是协商使人们创造了各种解决方案。

然而不要理想化！让我们现实一点儿：经常会出现解决方案明显不能100%“满足”双方的情况。每天见证着各种各样的敏感性、个性、节奏、期待、优先事项、幽默感（特别是自嘲式幽默），以及对事物的意义的关心，我不相信我们能够找到总是完全满足每个人的所有需求的解决方案。然而，经验告诉我，在善意的氛围中寻找这一解决方案时表现出来的倾听和尊重的质量是如此重要，以至于具体的解决方案好像是关系的附属品，而不是相反！

关系先行！杂务殿后

有多少次，在我们的关系中，关系的质量都像是具体问题的附属品：首先解决杂务，即具体的组织问题，然后如果还有时间，再关心相处的问题……

像许多孩子一样，我也曾不知不觉地忍受着成年人赋予杂务的这一优先权，借口他们担负了过多的责任：“好的，好的，等一会儿，我还有衣服要整理。”“不，现在不行，我在收拾房间。”“可你没看见我正忙着嘛。”“我真的有很多工作，现在不行，我们过会儿再谈。”“快点快点，我着急。”“我们没有时间了。”

我就不记得曾经看见我母亲每星期在椅子上坐着超过三分钟。那是一个星期天的午饭前，她坐在椅子的一角（没有时间舒服地坐着），喝了一口开胃酒，说：“坐一会儿可真好！”唉！不到四分钟后，她已经重新回到厨房去，把菜端上饭桌了！片刻之后，她就该迅速收拾、快跑、忙着去做另外1000件事了……如果我想找到与她待在一起的片刻，就得用点儿手段：帮她叠衣服、收拾厨房、整理房间，最好是利用开车出门的机会。于是，作为附属品，关系可以存在。

回想这个疯狂的过程，我发现我学到更多的是如何做人、做事，而不是如何处理关系。而我自然而然地广泛复制了这种行动主义：挤爆了的日程表。我太了解了！

优先考虑组织而不是关系曾经让我自食其果。当时瓦莱丽和我正在准备我们将在荷兰举行的婚礼。婚礼前几天，我在比利时。她从荷兰给我打电话，说要解决一些紧急的问题，也就是一些杂务，我当时正在开车赶往下一个会谈地点。我有点儿紧张，因为我没在现场，我感觉我没有听懂她的意思，我担心我一心想要的某个婚礼安排实现不了。我回答她的语气比我本来想的更强硬，还烦躁地挂断了电话。瞬间，我发现我完全复制了那个旧场景：我让杂务优先于关系了。优先权突然给予了婚礼的组织，而不是我与新娘的关系的质量！

我立刻又给她打了电话，告诉她我对自己的反应感到既吃惊又抱歉（S），我的确想一方面更好地接受她的担忧（B：第一需求），另一方面优先考虑我们互相理解的质量，而不是杂务（B：第二需求）。具体而言，我建议当天晚上花更多的时间与她一起解决那些问题（D：具体请求）。

如果您愿意，我们再回到我刚才回忆的我想要母亲听我说会儿话的情境中。如果我母亲和我具备一些关于有意识的非暴力沟通方面的基础知识，那我们就能实现以下交流[1]：

"妈妈，我需要片刻的关注和倾听（B），你是否愿意咱们一起坐下来谈五分钟（D）？"

"你想跟我谈谈，我很感动（S），因为我需要倾听我的每个孩子（B），同时我也很担忧（S），因为在天黑前我有很多事要完成（B）。你愿不愿意一边帮我一边和我谈呢？"

"我真高兴（S）你告诉我你需要倾听你的每个孩子，这下我就放心了（B：情感安全感的需求）。同时，当我听到你的建议时（O），我不确定（S）你在干别的事的同时真的能听见我说的话（B：对可支配时间的需求）。你是否需要确信，如果我请你给我五分钟，那就是五分钟，而不是半小时，这样你也有时间做你想做的事？"

"是的，我需要确保我的时间分配，以便有足够的时间做

1　这一交流是为了让读者理解实验层面的非暴力沟通而设计的。在日常生活中，经过少量练习，我们可以用日常化的语言清晰地表达不同的感觉和需求。

我想完成的事（B）。我很感谢你能关心我的时间，现在我建议我一干完这件事，咱们就花五分钟谈谈，你觉得这样行吗？”

“我觉得行，谢谢你。”

评论

① 正是二元论的陷阱使我母亲说“我没有时间”，或更具体一点儿，说“你们有五个人（言下之意：五个孩子），我没有时间（言下之意：听每个人说话）”。我深信她也愿意能像例子中那样说：“我既需要倾听我的五个孩子中的每一个说话，又需要完成家务，我不知道如何做才能兼顾这两个需求。”但是当涉及多个需求时，我们很难辨别不同的需求，特别是我们不知道如何满足的那些需求，于是她只提出了她认为当时最紧急的或最明显的那个需求，而不提其他需求。

② 注意辨别和说出相关的或涉及的不同需求是有启发性的，即使似乎不能立即找到任何解决方案。为什么呢？

第一，它使我们能够给自己重新定义优先事项的机会，以便敞开心扉，接受必要的变化。如果我没有搞清楚我的不同需求，我就很可能盲目地采取一种态度，这种态度可能会满足我的某种需求，却对其他需求置之不理。这样做的风险是使生活变得僵化，最终变得麻木。

▌ 成长，也是一个重新给自己定义优先事项的机会。

第二，识别需求具有启发意义，因为它开放了我们的精神，使我们能够看到在需求未被识别时没有任何机会出现的解决方案。这就激发了我上面提到的创造力。

在例子中，如果母亲只识别出她所谓的家务需求（秩序、效率、家庭的和谐运转），而没有提到她公平地倾听每个孩子心声的需求，那么找到时间听每个孩子倾诉的机会就比当她意识到自己有家务和倾听两个需求时要少。在后一种情况下，即使她没有依稀看到完全令人满意的立竿见影的解决方案，她也为这个需求留下了机会：比如，他们至少能谈一谈，而且发现不必花几个小时来倾听，单独给孩子几分钟的个人时间，就可以消除他对自我认同感的疑虑。

第三，澄清自己的需求很重要，因为即使眼下没有任何可能的解决方案，但这种意识至少可以允许需求存在，换言之，允许我们自己的一部分活着，即使它潜伏着。

> 给我们内心潜伏着的那部分以生命，为的是让它死心。

比如，我观察到许多父母隐藏或者压抑着他们的艺术或创作细胞。“我没有时间做这个，要先照顾孩子、配偶、家庭。”当然，这个优先顺序可以使我们选择把发展某种才华往后放放。紧要的是允许这一需求自己存在，接受它，同时也接受暂时无法满足它的事实。

因此，与其通过上述态度（“我没有时间……”）扼杀这个需求，不如去接受它，这既是为了给它生命，也是为了让它死心：“我多么想发展这个艺术细胞或追求我的创作冲动，并找到做这个的时间，而与此同时，我真的想暂时把我的时间和精力优先放在我的孩子、配偶和家庭上。”

我们应当让自己的所有部分都存在，而不是压抑其中的某一部分。如果我们压抑自己的一部分而不接受它，我们就会一直拖着这个等死的部分。于是，我们自己的这个等死的部分将它的所有重量都压在了活着的那些部分上，从而连累了我们全部的生命力。

两个关键的词组

①“暂时”

在“我真的想暂时把我的时间和精力优先放在我的孩子、配偶和家庭上”这个表述中，正是时间的概念给了我们喘息的空间。我们保持着“一切始终在运动中”这个意识。我们始终对我们的才华敞开大门，我们可以在以后为它留出位置。

比如，请您想一件您现在做不了的事情，并这样告诉您自己：“我对计算机一窍不通，我不会唱歌，我无法当众讲话。”然后问自己当时的内心活动是怎样的。现在，只加上“暂时”两个字：“我暂时对计算机一窍不通，我暂时不会唱歌，我暂时无法当众讲话。”现在您的内心活动是怎样的？

您看，我们可以选择使用一种封闭的或是开放的语言和意识。

②“与此同时”而不是“但是”

没有对立，只有两个并存的需求，一个是现实的，另一个不是。“但是”的使用将意识分割开来，同时取消或减弱了前一个建议；“与此同时”的使用关注了两个建议。找出您想说的某个句子，比如：“我同意你的观点，因为……，但是……”用“与此同时”替换“但是”，然后问问您的内心，这样是不是提供了一种不同的感受。

比起被满足，我们的需求更需要被认可

一位银行家朋友参加了我主持的一次培训，几个星期后他向我坦言他与孩子相处有多么困难。一天晚上他下班回到家就快8点了：“那时我就想什么也不做，看看报纸或者看看电视，我已经没有精力承受我的三个孩子的猛攻了。然而，我也想每天和他们待一会儿，于是我尽力和他们玩耍，但我真的感到力不从心，而且很快就会烦躁。”

我重新陈述了这一情况，以确认我是否真正理解了他的话，从而使我们能够识别出相关的需求。

“你是否感觉自己分成了两部分，你的一部分在那一刻筋疲力尽，需要放松和安静，而你的另一部分则被孩子们的活力所感染，很想找到精力来回应他们？”

“完全正确。我需要独处的时间，但我做不到。每天晚上，走出汽车来到家门口时，我感觉到的是同样的压力，它使我筋疲力尽。”

“我建议你在下车前给自己留出三分钟，或者只用一分钟来倾听你的需求，并接受你自己的两个不同的部分所对应的需求：一方面是你对平静、放松和独处时间的需求；另一方面是你陪伴和接纳孩子们的需求。就留出你扪心自问甚或大声自问的时间，以便使你心中的事情变得清晰：‘我现在多么需要双脚离地躺在沙发上看报纸或电视，别的什么也不干。我需要在这紧张的一天后着陆，需要躺下休息。’花点儿时间品味一下这种憧憬带来的简单的幸福感，让它支配你，使你有更多的能量接受你的另一部分，并对自己说：‘与此同时，我还需要接纳我的孩子们，为他们牺牲一点儿时间。’然后直接回家。”

几天之后，这个朋友打电话来感谢我：“我原本不太相信你的建议能帮到我。可我吃惊地发现，像这样意识到我的需求，既不强迫我的一部分，也不压抑我的另一部分，居然有这么好的抚慰作用。以前，我好像把自己的一部分留在车里了；最近几天晚上，我感到自己完整地回到了家。”

在一个持续多日的专题研讨会期间，中间有几天间隔，一位在问题儿童中心工作的教育者对我说，他厌倦了总是做那个“傻瓜老好人”，当同事遇到困难时就拿他当临时替补：

“他们总是在最后一分钟来找我，尤其是晚上带团队去游泳池的时候，因为她们知道我从来不说‘不’。我当然去了，因为总要有人和孩子们在一起，如果我不去，他们一心期盼的这次出游就可能泡汤。但实际上，我并不是很有空，我嘟囔了一个晚上，动不动就对孩子们发火。实际上，是孩子们为我的坏情绪付出了代价。”

“你感到不快是不是因为你的一部分厌倦了（S）他们总是找你救急，而你需要能够说‘不’，因为晚上你想自己待着，你希望其他同事也能够自己解决问题（B），而你的另一部分真的很担心（S）孩子们如此期待的这次出游（B）要泡汤了？”

“是的，我感觉很矛盾，这使我不能真心投入。”

“如果你倾听一下这些不同的需求：与同事们分担工作的需求、业余时间和私人生活被尊重的需求，另外还有尽可能为你所照顾的孩子们的幸福多做贡献的需求，你感觉如何？”

“我很感动，因为我意识到在接受替班时，我选择了优先的需求：帮助孩子们。有一天，我完全可能做出另外的选择。”

“我建议，下次有人向你提出此类请求的时候，你花点儿时间倾听一下自己的不同需求，这样你才能真正地投入你选择做的事。”

一周以后，他告诉我他再一次接受了替班，晚上带孩子们去游泳：“我按照你的建议，花时间倾听了自己的心声。孩子们优先的想法清晰地出现在我的脑海中，于是我开心地去了。即使那天晚上我原本计划在家做很多事，但我可以接受重新安排它们，而且我感觉自己完全愿意为孩子们服务。”

我曾多次研究对这个问题的理解。表面看来，大多数时候，如果我们没有真正搞清楚我们的需求，而是根据习惯或出于职责去做某事，“因为应该去做，所以我没有选择”，我们很快就会发现，我们所关照的对方或事情会阻止我们成为我们自己或过我们的生活，我们会公开地或隐蔽地让他为此付出代价，甚或我们自己为此付出代价。如果我们花一点儿时间来清楚地认识自己，我们就给了自己一个全身心投入我们所做的事情的机会。

在既不否认也不背弃我们内心的前提下做出选择。

识别出我们有休息、有一点儿独处的时间、自己支配晚上的时间等需求，不意味着我们一定能满足这些需求。我们只想意识到它们，既不否认也不背弃我们的内心。正是借助这一意识，一个有活力的选择才能脱颖而出，使我们投入全部的活力，而不只是我们自己的10%—15%。

关于我们的需求

在本书的结尾，您将找到一份需求清单。这份清单，与感觉清单一样，并不详尽。它也源于对专题研讨会或面谈过程中常涉及的需求的观察。这份清单仅供参考。我们首先列出了生理需求（吃、喝、睡），之后是个人或私人方面的需求（意义、空间、身份、自主性、发展），然后是社会或人际关系方面的需求（分享、认可、给予、接纳），最后是精神方面的需求（意义、爱、信心、善良、快乐）和对生命仪式的需求（毕业、领圣体、丧礼）。

提出一个具体的、现实的、积极的和可协商的请求

正如我们所见，尽管比起被满足，我们的某些需求更需要被认可，但是我们仍然一心要满足许多需求。我们满足于意识到了我们的需求，却不知道在具体这样做时，可能会落入一个难以令人满意的虚拟世界，一种贪得无厌的索求中："我需要爱，我需要认可和理解，但我自己从来不采取任何行动来满足这些需求。我等待别人来关心我。"

使需求在此时此刻具体化

以下是提出一个具体的、现实的、积极的和可协商的请求或行动建议的益处：

请求是具体的

我们可以用想法、理想和伟大的观点来矫正我们的生活。这样做可能使我们永远碰不到真实，永远无法在此时此刻完全具体化。我本人曾经深陷于这种彼得·潘情结，我将其概括如下："我明白穿过玻璃窗就可以进入现实，但我害怕真的进去，害怕失败，害怕不完美，害怕阴暗，害怕不完备。我以后再做出选择。"投入一段表面看似非常经典的旅程后，我就这样追逐着那个一切皆有可能的梦。很久以来，我想让所有的门向我敞开，却不进入它们中的任何一扇，后来我意识到，尽管生活中很多事情的确可能接二连三地发生变化，但一次只存在"唯一一种可能性"。

正是请求给了需求"一种可能性"，从而避免它停留在窗户后面。请求给了需求具体化的机会。在陪伴工作中，我观察到，难以过渡到请求或具体行动，很大程度上是因为难以给予自己存在的权利，难以独立于他人的期望和目光而真实地展现自我。

我由此想到了一位来面谈的60多岁的男士，他因与两个姐妹分遗产的事而忧心忡忡，他的两个姐妹给他提出了一个他不愿接受的建议。他很快就澄清了他对公平的需求，但当我问他如何“具体地”看待遗产分配中的公平问题时，他没能提出可行的财产分配办法。他一直重申自己的要求和需求：“这应该是公平的，而她们给我的建议是不公平的。”但他没有提出他的姐妹可能接受的任何建议，以至于她们最终厌烦了他。这不利于达成谅解！

> 限定，意味着完成，意味着接受限制。

实际上，对他来说的确很难具体限定他的请求，因为限定意味着完成，意味着接受限制。这个句子在心理上打击了他：给出一个具体的限制、一个衡量他所追求的公平的具体方法的想法引起了他的强烈反感。出于我们已经研究过的各种原因，他对公平的需求从未得到满足。他总是斤斤计较，并在任何建议中都看到一个他那贪得无厌的索求无法接受的限制。实际上，在这个公平需求的背后，存在一些始终未满足的对认可、认同和尊重的需求。在研究请求的具体性（有时是方便实用性）的同时，我们还试图通过接受我们的有限性来使我们融入现实。

请求是现实的

请求重视的是现实的本来面目，而不是我担心它成为的那个样子或我梦想它成为的那个样子。感受到某种需求的人，比如对变化的需求，常常以一个极彻底的变化为目标，从而给了自己永远不做改变的最好的理由："这太难了，这太沉重了，这牵扯的太多，这涉及太多人或者我生活中的太多方面，因此我不会做任何改变！"

首先寻找我们能做的最小的事情，变化就会随之而来。

因此，难能可贵的是请对方或请自己问问自己："我能说或能做的、能带来我期待的改变、能满足我识别出的需求的最小的事，或者虽然小却最令我愉快的事是什么？"

不是最大的事，而是最小的；不是最艰难的，而是最愉快的。这个问题常常使人们惊讶，因为我们那习惯于被结果驱动的精神，总是在寻找自我的价值，在寻求挑战。仿佛现实并不是由所有小事互相交织而成，而所有小事可能一起构成非常大的事似的。

请求的这一朴素而现实的方面在一个被诸如电话、电视、汽车、电脑等设备控制的时代常常引起怀疑。只需按一下开关，我们就可以改变场景、节目、对话者和速度！接受某个有生命的进程的谦卑和迟缓是如此令人不习惯，以至于许多人感到这种态度不太自然。

一位刚刚经历了丈夫去世的沉重打击的女士来找我接受

陪伴面谈。多次面谈之后，她识别出支配自己的主要感觉是恐惧，而恐惧指出了她建立自信的需求。她惊讶于这一发现，因为她说：“我从没想过相信自己，我的脑子里没有这些词。我总是信任我的父母，后来是我的丈夫和我的家人。现在我认为我真正感受到了这一需求，但我这个年纪永远也做不到了。”我请她采取一个具体的行动：摆脱“我这个年纪永远也做不到了”这种消极的想法和胆怯的思想顾虑，直接大声提出她的需求，给予它存在的权利。她犹豫地重复道：“我需要建立自信，我需要相信我能够建立自信。”我任凭她沉默了一段时间，然后我对她说：“我建议您只需要在未来几天听凭这种需求支配您，不要担心结果。您只要关注这一需求，不必寻求解决办法。让它在您的内心产生共鸣。”

在八天之后的下一次面谈中，她的开场白是这样的：“我感谢您建议我只需要听凭建立自信的需求支配我。这种想法真是疯狂，不需要做任何事或不需要寻求任何解决方案，只是听凭应该发生在我身上的事降临，这使我感觉到信心的到来。我仍然很脆弱，但有些东西已经不同了，这使我放心地去计划更多地依靠自己。”

几周以后，她真的开始非常具体地重新组织她的生活。在这种情况下，现实原则是基础：首先接受需求这一个观念。解决方案会随之而来。

请求是积极的

想象一下，您正在听音乐，这时您的丈夫在他的书房工作。他走来对您说："我在工作，请你把音乐关掉好吗？"您的感觉如何？现在，如果他走来对您说："我的工作还需要一小时的安静时间。你是否同意在一小时后再听你的音乐或者到咱家的另一个房间去继续听？"这时您的感觉如何？

在做分组练习时，我经常听到"我更喜欢第二个版本"的表态。为什么？"因为我不喜欢别人阻止我正在做的事。在第二个版本中，我得到了一个可以继续我做的事的建议，或者晚一点儿做，或者到别处去做，与必须停止相比，这让人感觉更舒服些。"的确，我们不喜欢必须停止做某事，或许我们已经听到太多"你能不能停止像这样走来走去、制造噪音、玩耍……"的指令。我们不喜欢被阻止做某事，我们更喜欢被请求做某事。

您会说这很微妙。或许是的，但是对我而言，我向您建议的正是沟通的这种微妙的本质：在语言中和意识中避免那些划分、比较、分离、限制、禁闭、抵抗和阻碍的因素；促进那些开放、结合、联系、允许、邀请、激励和协助的因素。

请求是可协商的

如果在请求阶段，我落入了不容反驳的强求的窠臼："现在去把这些都收拾好，马上！"那么用心观察事实，从而不使对方感受到任何评判或责备（见上述母亲与孩子交流的例子："当我看到你的鞋在楼梯上而你的书包在沙发上时……"），推敲感觉的表达方式，以避免任何解读或评判（"我感到伤心和泄气……"），或者确认恰当地识别出需求，而不将其强加于对方（"我需要保持整洁和对我的劳动的尊重……"），都将毫无意义。

创造相处的空间

正是请求的可协商性创造了相处的空间。实际上，它有点儿像这样：如果我们不提出请求，那就好像我们没有给自己存在的权利。我们停留在一个虚拟的、没有具体化的需求中。一方面，我们没有真正找到我们在关系中的位置；另一方面，如果我们只提出命令或要求，那就像没有给对方存在的权利。

提出一个可协商的请求，从而真正创造相处的空间的这种能力直接与我们的安全感、内心的力量和自信心相关。它假设我们深知自己能够接纳对方的异议，而不担心不得不因此放弃自己。我说"深知"是因为我们常常从理智上理解了它，但没有将它纳入我们自己内心的情感认知中。于是我们面对差异时，总是非常脆弱，因此很少倾向于真正地、自始至终地接受它。

在实践这种方法时，我们通过内心体验获得了信心，相信并不是因为我们抓住机会表达了我们的需求和我们的请求，对方就会因此放弃他的需求。我们同时相信，并不是因为我们给了对方机会来表达他的可能异于我们的需求，我们就得放弃自己的需求，而去满足他的需求。我们明白了，我们将尝试共同寻找一个使双方都满意的解决方案，或者至少接受我们就彼此意见相左这个事实达成了一致。

尤其，我们还明白了，我们内心的幸福不是来自这个解决办法，而是来自因寻找这个解决办法而达到的相处的质量。

第三章

意识到对方真实的感受

Prendre conscience de ce que l'autre vit vraiment

说话说半句，听话听半句。

——民间谚语

沟通，就是表达和接收信息

把话说全，把话听全

对许多人来说，沟通就是能够表达自己和让对方表达他自己。而当每个人都表达了自己之后，他们就认为他们已经沟通了。但他们中又有多少人不曾抱怨过人际关系的困境，他们说：“我的配偶和我，我们有很多沟通（或者我的孩子们和我，我们无话不谈……），我不明白为什么我们不能更好地相互理解。”

他们无话不谈！是的，可他们是否无话不听呢？

关键往往就在这里：我们相处不融洽是因为我们没有互相倾听。雅克·萨罗梅名为《圆满沟通》的书在这方面做了详细的阐述。[1]我们往往在学校里或通过观察别人学会了如何表达自己，即使只学过一点儿，但是我们极少学习如何倾听，单纯的倾听，什么也不做，什么也不说。

对于到我这里来说“我和我的配偶、我的孩子们沟通得很好……”的那些人，他们很难意识到自己可以非常自如地无话不谈，谈论自己内心的感受，谆谆教诲对方或为对方提供建议，却无法自如地单纯倾听对方谈论他的感受，问问自己他的感受和需求是什么，替对方表达他的感受和需求，而不做出评判。

沟通，就是表达和倾听，就是自我表达和让对方表达，自我倾听，倾听对方，并时常确保彼此之间已经互相听懂了。许多人际关系的困境源于我们没有费心去确保我们的确听懂了对方的话，对方也的确听懂了我们的话。在必要的时候重复或重新表述对方对我们说的话，往往可以确认我们的确理解了对方的意思；同样，请对方重复或重新表述我们所说的话，往往可以使我们确认对方的确理解了我们的意思。

如果在一张图上表示人与人的沟通，我们可以把它画成这样（见第122页）：

1　详见雅克·萨罗梅（Jacques Salomé），《圆满沟通》（*Si je m'écoutais, je m'entendrais*），l'Homme出版社，1990年。

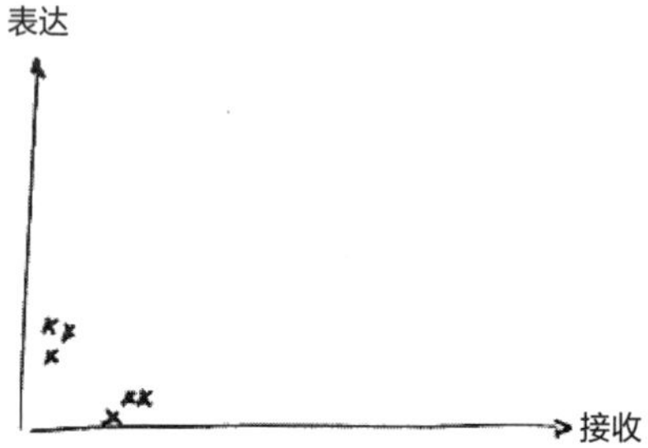

因此，一条信息的交换包含两方面：表达和接收。大部分时间，由于我们曾学习做个好男孩或好女孩，不大声喧哗，不打扰别人，不占太大位置，不因为自己的小问题而去麻烦别人……我们当然表达了自己的一点儿想法，但不是太多，为的是不招致批评，不暴露我们的弱点，不表现出我们是多么敏感和细腻。在这幅图上，我们位于左下角。

另外，在倾听对方、接收对方的信息方面，由于我们学会了好好倾听除我们自己以外的所有人的需求，扮演圣贝尔纳（Saint-bernard）[1]的角色来满足除我们自己以外的所有人的需求，我们会想："我很愿意倾听你的一点儿想法，但不要太多。因为这开始敲打我那些总是倾听别人的神经，而我还有其他更重要的事情要做。"在这幅图上，我们接收对方信息的能力往往也位于左下角。

1 即圣贝尔纳狗，瑞士"国宝"。这种狗不仅为瑞士人兢兢业业地看家护院，更是阿尔卑斯山区救生员最得力的助手，曾解救众多落难者，堪称"动物救援英雄"。——编者注

也有一些极端情况。时不时地，我们会筋疲力尽，甚至不想尝试倾听对方，于是我们将自己的观点强加于他人。我们完全地表达了自己的意见，但我们也完全地关闭了“接收”按钮。最极端的情况是，我们的行为就像一个暴君、一个独裁者。我们把我们的需求强加于对方，却不倾听他的想法。我们的态度是向对方施加权威和权力，从而控制对方。

在这幅图上，这种情况表示如下：

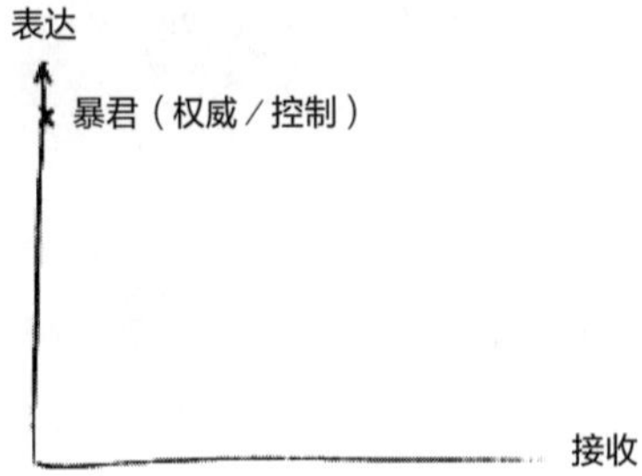

还有一些时候，我们在尝试满足自己的需求无果后，在表达了自己的需求却没有获得丝毫认可和重视后，感到如此筋疲力尽，以至于我们放弃了它们，抛弃了它们。我们顺从于对方的态度，不再反抗。我们投降了。

在极端情况下，我们的行为就像一个奴隶、一个受害者。我们的态度是服从、忍受和放弃。

在这幅图上，这种情况表示如下：

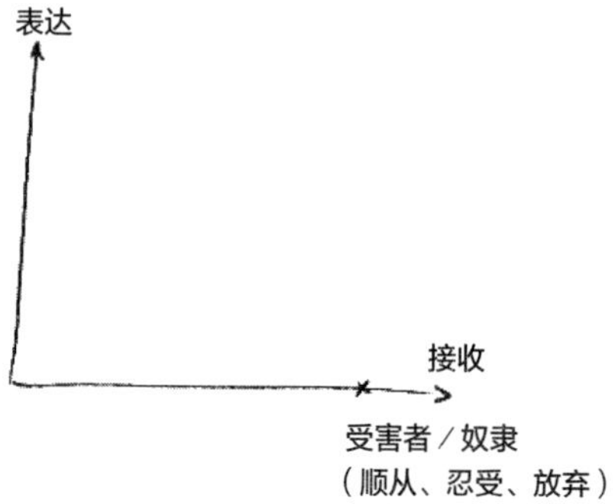

请注意，我们可能有时是一种情况，有时是另一种情况：在家是暴君，在职场上是奴隶，或者正相反，或者二者兼而有之——暴君兼受害者，根据一天的时间或情形而定。在同一时刻，同一句话中，我们可能既是彻头彻尾的暴君，又是十足的受害者："立即去收拾你的房间，不要讨价还价。我的上帝！我对您做了什么，竟然让我有这样的孩子。"

暴君、受害者或二者兼而有之

我们可能经常从一个极端走向另一个极端，而大部分时间，我们在下图所示的一个怀疑区内煎熬：

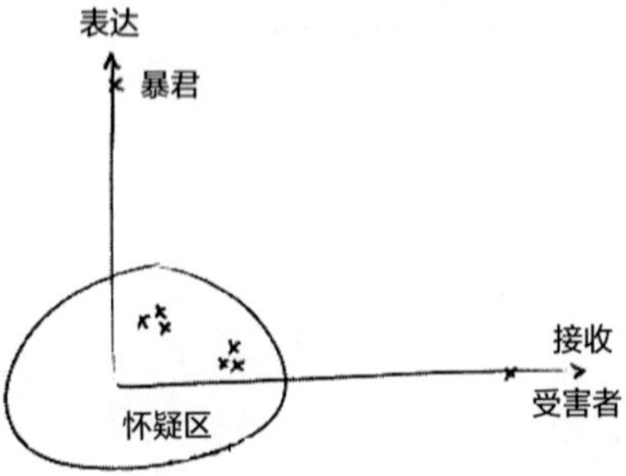

当我们在这个区域中徘徊时，我们害怕表达自己，害怕揭露自己、展示自己的真实面目，并害怕展示我们的富有和贫穷、我们的矛盾、我们的弱点、我们的脆弱、我们对发展自身潜能的畏惧、我们的认同感、我们的创造性、我们的幻想、我们的多面性。我们戴着面具把这一切遮挡得严严实实，使我们躲避他人的目光。

同样，我们害怕倾听对方，害怕理解他人的故事和他人的困难。我们封闭自己倾听和接纳的能力，或者把它降至最低程度，因为他人的差异性或痛苦使我们不安，使我们变得脆弱，使我们觉得我们将不得不停止做自己，或者不得不达到外界的期望，或者不得不完成他人可能为我们制订的某个计划。

拒绝恐惧，在信任中寻找平衡

恐惧是如何长久地浸渍着我的大部分工作报告和人际关系的，我个人对此深有体会：害怕对方在想什么，害怕他想不到什么；害怕他说什么，害怕他不说什么；害怕言多必失，害怕沉默太久；害怕缺少爱，害怕爱太多；害怕要说话，害怕不能说；害怕孑然一身，害怕建立关系；害怕无事可做，害怕工作超负荷；害怕取悦别人，害怕不讨人喜欢；害怕诱惑……我的天啊，这么多的恐惧！而这么多的精力都耗费在克服这些恐惧上！

我花了很长时间才意识到，被恐惧吞噬了的这些精力不可能再用于行动、创造，甚至是单纯的生存。或多或少因恐惧而痉挛的我停止了行动和发展，也停止了生存。我就像是凝固在了我的恐惧中，被粘住了，在占据我大部分时间的恐惧中，只能通过偶尔的信任和创造的冲动来辨认自己。

我清楚地记得那堂分析课。在课上，这一“功能”（如果我可以这么提到这样一项功能障碍）直接爆发了：这些细小的恐惧一个挨着一个，在这么多年里一个接着一个地累积起来，好像一下子变成了一个蠢蠢欲动的癌细胞。

通过几年的分析，我一个一个地友善地研究它们：“我害怕这个，担心那个，这件事让我忧虑……”如果分开检查，它们似乎都是良性的、无害的、偶发的。

通过治疗工作，一道意识的闪电刺穿了无意识的阴云，我突然领悟到这些恐惧就好比一个骚动的实体，一张伸着触手的网。我立即发现它们不是偶发的或意外的，而是有组织的，也就是说它们的确代表着我的行为方式。顷刻间，我意识到我身处死亡的险境。哦！或许不是身体立刻死亡的危险，而是精神死亡的危险，是变成马歇尔·卢森堡所说的"一个友善的死人"的危险：面带微笑、彬彬有礼，而内心却因恐惧而死去了。意识到这一点，我唤醒了我生存的本能：我急需改变，急需离开恐惧，在信任中寻找平衡。

在厌倦了恐惧之后，我想测试一下信任。信任，是新事物，是未知的，因此它让我害怕！算了，这次我受够了！我把赌注压在信任上，我指望它，我让自己内心吵闹和抗议的所有声音——"当心，这样做会很糟糕，小心"——都安静下来，我反复对自己说："去信任，你有什么可失去的？恐惧没有令我满意，最差的情况是信任也不会令我满意。没有什么可失去的。在这种心惊胆战的生活中，我会因烦恼而死。"

这是富有挑战性的一种抉择：是待在我们已知的环境中(尽管它压抑着我们，甚或折磨着我们，但它令人放心，因为它是已知的，熟悉得像一件旧外套或一条旧牛仔裤)，还是在未知的环境中摇摆（它可能无限地令人欣喜，无限地丰富多彩，但它意味着一种过渡、一种改变）？

啊，我需要改变！停止做同样的事、说同样的话、抱有同样的想法，而是做新的事、说新的话，以新的方式思考，以新的方式请求！

如果我不改变，我会死；如果我不洗心革面，我会死。克里斯蒂安·博班是这样表达这种对未知世界的恐惧的：[1]

> 有四个字会让您激动不已，有四个字会让您卧床不起，那就是：改变生活。这就是目标。它清晰、简单。达到目标的路径，我们尚未看到。病因就在于没有路径，不确定选择哪条路。我们并非面对一个问题，我们面对的是自己的内心。我们自身就是问题所在。一种新的生活，这是我们想要的，但愿望，作为旧的生活的一部分，毫无力量。我们就像那些孩子一样，左手攥着一个弹珠不放，只有在确保右手拿到一枚交换的硬币时，才会松开左手：我们很想过新生活，但不愿失去旧生活。不想经历过渡的时刻，手空着的那一刻。

自从我决定在信任中寻找平衡并驯服我的恐惧以后，我的全部精力都改变了。具体而言，我之前用于克服和试图管理我的恐惧的全部精力，现在可以把它投入改变和接纳新事物中。而且，几年内，我的职业生涯和我的感情生活以一种超乎我预期的方式发生了根本性的改变。在这两三年内，我的全部生活经历的变化比之前35年的变化还要多。

我常产生驾驶帆船航行时的那种感觉：经过一段长时间的

1　详见克里斯蒂安·博班（Christian Bobin），《卑微》（*Le Très-Bas*），Folio出版社，1995年。

停歇，船在水上漂荡，船身自己打着转，船帆随风而动，让人感觉有些恶心；随后，起风了，风吹动着船帆，船倾斜着，寻找着方向，重新启动，船帆鼓起来了，带着船在海上航行。今天我最常感受到的就是这种被快乐地带领着、承载着向前进的感觉。

如果说我观察到并经历过我自己的怀疑，我也在我的工作中观察到别人的怀疑。无论是在专题分组讨论中，还是在个别面谈中，我看到主导人际关系的感觉，正是恐惧和怀疑。

我是在爱的喜悦中行动，还是在不被爱的恐惧中行动?

即使是在人们梦想一切都建立在信任、情感的安全感和毫无保留的爱情之上的夫妻之间，也会有那么多的恐惧和怀疑！“如果我这样做，他会怎么想或怎么说？如果我参与此事，她会怎么想？我应该这样做或那样做，否则他/她会伤心、生气、失望……”如此多的行为，不是被爱的喜悦指引，而是被不再被爱的恐惧驱使；不是被给予的喜悦指引，而是被收不到回报的恐惧驱使。我收买爱情，我收买归属感。这不是富足的精神中慷慨的爱的交流，而是维持生存的斤斤计较。

许多人活在一种投影和依赖的关系中：“我不能一个人活着，你不能一个人活着。如果你走了，我就去死；如果我走了，你就去死。我依靠着你，你是我不曾有过的那个父亲/母亲，我是你需要不遗余力地照顾的那个孩子，尽管你自己不曾得到过这种照顾。我期待你来保护我，让我永远放心，你期待能够永远安慰我。我们试图一起弥补我们那难以满足的缺失感。”

在我看来，很少有共同生活的夫妻维持着真正的人与人之间的关系，一种责任、自主和自由的关系，每个人都从中感受到力量和信任，能够说：“没有你，我也能活下去并找到快乐；没有我，你也能活下去并找到快乐。我们每个人都有这种力量和自主性，与此同时，我们喜欢在一起，因为分享、交流和在一起更令人快乐。我们在一起不是为了弥补我们的缺失感，而是为了交流我们的全部！”

非暴力沟通的实践引导我们在信任中生活，在关系中彼此信任。它引导我们找到足够多的内在安全感和可靠性、信心和自尊，从而敢于找到自己的位置，而不担心会侵犯他人的位置；因为我们相信每个人都有一席之地，所以我们敢于说出我们想说的话，成为我们想成为的人，而不害怕被批评、嘲笑、拒绝或抛弃。因此，它使我们敢于最大限度地表达我们自己。

同样，在帮助我们找到更多的内在安全感和可靠性，为我们培养更多的信心和自尊的同时，它还鼓励我们敢于尽可能完整地倾听对方的心声，敢于接纳对方的复杂性或悲痛，而不会因此认为自己应对他的遭遇或他走出悲痛的方法负责，也不会因此感觉我们除了倾听和试图理解之外，还应当“做些什么”。

它引导我们为对方找到了他的位置而喜悦，而不会害怕他将侵占我们的位置，因为我们相信我们懂得如何设置我们的界限，而每个人都有自己的位置。

这种对待自己和对待他人、倾听和表达自己的心声，以及倾听对方表达心声的素质，可以用图中右上角信任区内的一个叉号来表示（即最大限度地表达和接收）：

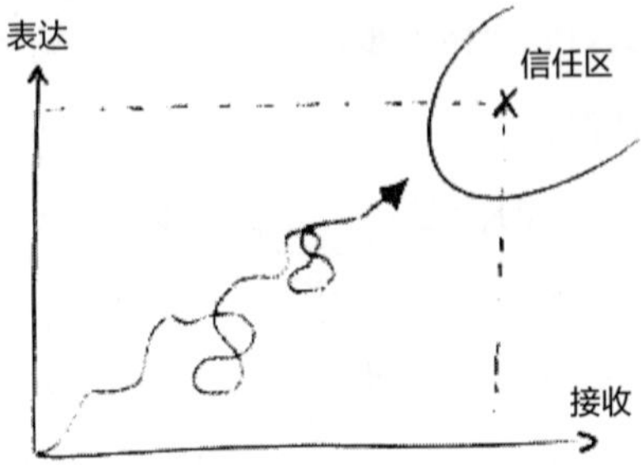

因此，我们的目的是最大限度地发挥我们表达自己的感受和期望的能力，以及尽可能提高我们接收别人的感觉和需求的能力。这样，我们就会越来越有信心地生活，相信我们能够活在人群中，而不担心“打扰”他人；相信他人可以活在人群中，而不担心我们会被他人“打扰”。

您看，我在怀疑区和信任区之间画了一个箭头，而这个箭头不是直的。它代表着我们被引导着从怀疑区走向信任区需要通过的路径——只要我们愿意。

缓步走向一眼清泉

我认为能够诠释这条路径的一个情节来自圣－埃克苏佩里的《小王子》：小王子从一个星球旅行到另一个星球。有一次，他遇到了一个卖解渴药丸的商人。商人非常骄傲地吹嘘他的药丸说："吃了这个药丸，你就不必再去井边或是从泉水中打水喝，我计算过，它每周可以为你节省53分钟！"听到这里，小王子很难受地答道："如果我有53分钟，我会慢慢地走向一眼清泉。"换句话说，小王子会从容不迫地缓步走向能够为他解渴、使他恢复活力的所在；会在尝到水之前就享受到水的清凉；会在双手浸入水中之前就从泉水的旋律中恢复活力；会从容不迫地去往真正哺育他、为他解渴的那个地方。

但是，我们生活在一个沟通越来越快、越来越糟的时代。我们有手机、自动应答机、电子邮件、信息高速公路……我们交换许多信息，的确如此，但我们是否彼此交流？我们是否维持着有营养的、完全令人满意的交往？

我们时常交换"解渴药丸"。我曾为一家企业工作，那里有位女士是一位母亲，她担任着一个管理职位，她每天晚上7点左右给她的孩子打电话："我的小宝贝，妈妈有很多工作，今晚我还要开个会，我会晚些回去，冰柜里给你留了一块好吃的比萨。你把它放在微波炉里加热五分钟，就可以饱餐一顿了。"解渴药——我没有时间陪你，我的小宝贝，这个代替了你的家庭晚餐。或者:“亲爱的，爸爸今天下午要去开一个重要的会，电视柜里有两盒录像带，祝你玩得开心，亲亲你，晚上见。”解渴药——我没有时间陪你，亲爱的，我的高尔夫、网球聚会或者我的老友聚会更重要。看这些录像带吧，它们代替了你与家人共度周末的计划！或者换个更巧妙的说辞:“我的小宝贝，我明白你非常难受，上楼去好好睡一觉，明天一切都会好的。”解渴药——“你知道，听你诉说让我厌倦和恼火，我有其他事情要做，首先，已经很晚了，我很累了。这个建议可以代替我的倾听和理解。”

我们跑呀跑，从一些要做的事到另一些要做的事，从一颗药丸到另一颗药丸，我们惊讶于自己总是这么渴，欲壑难填地追逐、索求，总是不满足，口渴，心也渴！我们就坐在那口唯一能够真正为我们解渴的井上，却浑然不知。它叫作面对自己、面对他人、面对世界。

同理心：面对自己和他人

卡里姆的故事或者在信任中寻找平衡

我用以下事例来说明一个事实，即我们倾听的能力和我们接受他人本来面目的能力，正是植根于我们的内在安全感，而这种内在安全感源于对我们自己的认识和对我们自身感受的信任。

卡里姆是一个20多岁的男孩，他因为严重依赖毒品且无法戒除而痛苦不堪。他联系到我所在的青年协会。他没有工作也没有计划，一个人住在一间小屋里。由于我刚刚买了一栋房子，打算重新装修一下，我建议他为我粉刷和翻新这栋房子，我付给他工钱。最后，他在我的房子里的一间卧室里住了下来，住了四五个月。这份工作让他开心：他看到了自己日复一日甚至每时每刻努力的结果。于是，每天晚上他都很满足，也很疲惫，以至于他的毒品用量明显减少。与此同时，我们之间建立起一种友谊和信任的关系。

一天，他对我说："我从内心深处感激你，不只是因为你给了我这个工作和谋生的机会，收留了我，使我不再孤单，更重要的是因为你在我已经不再相信自己的时候相信了我。"

不久之后，他谈恋爱了，搬到他女朋友家去住了，那里距离布鲁塞尔两小时的车程。我们保持联系了一段时间。后来他搬家了，没有告诉我他的地址，我在此后两年内再也没有得到他的任何消息。一个周末，当我在乡下我父亲家里时，他打来了电话。我非常吃惊：他这两年杳无音信，然后竟找到了这个他离开前并不知道的电话号码并打了过来，这很奇怪。以下是我们通话的简述，实际通话持续了将近一小时：

"托马斯，我是卡里姆。听到我的声音你会很吃惊，但我和我的女朋友吹了，我又落单了，我要疯了，我马上要给自己一枪或者去跳河。她是个疯子，我也是疯子。这毫无意义，我们互相殴打，没法过了！你是听我说话的最后一个人，然后我就自杀！”

他惊慌失措，语无伦次，仿佛这些话他已经憋了很久，以至于只要一爆发就可以卸下他心中的重负。我先是听他倾诉了很久，没有打断他。渐渐地，当他的语速慢了一点儿（过大的压力已经释放），我试着与他建立一种联系，表达我对他的感觉和需求的同情：

“卡里姆，你现在真的完全绝望了（S），我看你很难相信你们的关系能够改善（B）。”

“这很糟糕，我跟你说，”他再次吼叫起来，“糟透了，我不再相信了。我就应该给自己吃颗枪子儿……”

“是的，你现在的确跌到谷底了（S），以至于活着不再有意义了（B：活着要有意义），你宁愿一死了之（D：请求或行动），这是不是你现在的感受？”

“完全正确。”

“看到你们的关系没有像你期望的那样发展，这对你来说如此痛苦（S），而且你如此害怕再次落单（S），以至于你想自绝于世，或者说你想免受这种痛苦（B：免受这种痛苦），而在这一点上，你没有找到给自己吃颗枪子儿之外的解决方案（D：请求或行动），对吧？”

“是的，我看不到别的办法。”

“你沉浸在巨大的痛苦中（S），一切都失去了平衡，再也没有什么行得通的，再也没有什么值得努力的（B：事情行得通、值得努力）。”

“是的，是这样。”

沉默，长时间的沉默。我听到他的呼吸渐渐平静下来，我发出几声“嗯，嗯”，仿佛在倾听他正在经历的感受和我正在经历的感受，以向他表明我的沉默就是陪伴。随后，我又开了口：

“你想不想听听我对此有何感受？”

“嗯，尽管说。”

“好的，我首先深受感动（S），因为你给我打了电话，因为你尝试在这个周末在这里找到了我。”

“你很吃惊吧？”

“是的，你是怎么知道这个号码的？”

“我给协会的秘书打了电话，她告诉我你可能在这儿，于是我就试了试。还真找到了！”

“嗯好，我真的很感谢（S）你的信任（B），感谢你在极度慌乱的时候还决定跟我谈谈。”

“感谢我？”

“是的，我得到你的信任就像收到一份友情的礼物，一份真心的友情，它不会因为时隔两年而熄灭，而是在我俩之间活生生地存在着，而这，你看到了，这是我在这个世上最珍视的。（沉默）这可能使你惊讶吧？”

“是的，有一点儿。我感觉自己那么无用、一无是处，我看不到我能为你带来什么。”

“你感到惊讶（S），因为你很难相信（B：需要相信分享自己的痛苦是有用的）分享你的痛苦会是一个快乐的源泉？”

“嗯，是的。”

“对我来说，在一起，一起探讨这件事，一起寻找走出痛苦的办法是一种快乐，彼此信赖的快乐。你给了我与你在一起的快乐，即使是在痛苦中。我这样对你说，你有什么感觉？”

“好些了，这让我高兴，让我放松。”

“现在，根据经验，我知道我们在一些关系中会常常被同一块石头绊倒，我们看不到它，因为我们深陷其中。你想不想和我谈谈，看看我们是否可以一起更好地理解这件事？”

我们又聊了一会儿。他重拾了信心，看到一刻钟前似乎全部对他关上的门又开了一条缝。他再次把赌注下给了活着。说再见的时候，我俩都重新振作起来了。

评论

① 危险不是自杀的过程，危险不是倾听这一过程中所发生的事。在选择死亡的背后，是落空的生的渴望。

② 在做青年们的工作之初，我就遇到过类似的情况。当时我没接受过任何倾听的培训，我经常使用“为了他人做好应该做的所有事的好男孩”的笨拙工具——

◎ 否认或弱化："可这并没有那么严重，会过去的。看，生活是美好的。"

◎ 说教："这种关系对你来说没有任何价值，停止吧。"

◎ 建议："来做运动吧，这会使你改变主意。"

◎ 反观自身："你知道吗？我自己也曾经历过一些困难的时刻。"

我否认对方的痛苦或者试图分散他对痛苦的注意力，因为我自己从未花时间倾听和理解我身上有自杀倾向的那一小部分，因而过于害怕自杀的想法。因此，我也无法倾听对方的悲痛，从而全心全意地与他一起进入他的痛苦中。我试图逃避。因为不能承受看到化脓的伤口，我试图将对方的注意力从创伤转移到其他地方，或者用一帖药膏或一大片创可贴把事情掩盖住。

每个人都知道，要想治愈创伤，必须清理伤口，也就是说直面痛处，进入伤口，一遍又一遍地清理其内部，然后，只需让它自己通风、休息和结痂。这样做会很疼，但不会造成伤害。

▌ 疼痛不一定造成伤害。

从前，在对卡里姆说了"再也没有什么行得通的，再也没有什么值得努力的"之后，为了对卡里姆的痛苦做出反应，为了容忍长时间沉默的接纳和陪伴，我可能不会得到内心的安全感，不会有对自己、对对方和对生活的信心。我会立即试图为他提供各种解决方案和好的建议，以便使我安心，并对自己说，我的确做了所有应该做的事，因为我所学的主要是做一些事，而不是在场和陪伴。

③ 我今天之所以能够更好地陪伴人们度过他们的低谷，是因为我理解了他们尤其需要陪伴，而不想再忍受孤独。卡里姆看到自己（如他所说）又落单了，也就是说，被抛弃了、被拒绝了，这正是他的故事的悲剧性。

如果我直接给他所有解决办法，以及令人放心的“好建议”，我关注的便不是他，而是我自己，是我的焦虑，那么我便不是和他在一起，而是和我自己在一起，和我的恐慌或我的“未能尽职尽责”的负罪感在一起。于是，他会越来越孤独，越来越深信没有人能理解他有多么悲痛，唯一的解决方案就是自杀、自我麻痹。而如果我因为同情心而触动他，全心全意地陪伴他经历悲痛，他就有更多的机会感觉到他不再孤独，或许他正在经历巨大的痛苦，但与此同时，我们在一起。于是，我们找到了那个成为卡里姆和许多正在经历痛苦的人的悲剧基础的需求：得到某人的重视，存在于某人的心里，与众人相处时有自己的位置，互相交流。

④ 我今天之所以能够做到这种陪伴，是因为我探究了我自己的痛苦，而且如果它重新浮出水面，我还会继续探究它。我不再像以前那样急于“做点儿什么”、见一些人、诱惑

某人、让自己活跃甚至亢奋起来，投入布莱士·帕斯卡[1]所说的那种“消遣”中来摆脱我的痛苦。我直面痛苦并常常深入它，我发现走出痛苦的唯一办法，就是完全进入它。如果我尝试绕开它，使它最小化（“我有了一些主意。这不是那么严重，明天会好的”）或者全力防守（“我不哭，继续前进，想想别的事”），想要把它拒之门外，那么我就会使它越发突出，进而无法摆脱它。

正是因为我很好地理解了我的痛苦，我才能理解卡里姆的痛苦，而无须立即自我防卫。

⑤ 我甚至敢于走得更远，建议不只是面对我们的感情或精神的痛苦，或者面对他人的痛苦，而是尝试把它当作一个机会来接受它。在这种意义上，如果我们真的想看清这个痛苦说明了什么，它可能就是一个成长的机会，一个重要的了解自己、了解他人和了解我们生命的意义的机会。为此，根据我的经验，只要我们为了摆脱痛苦而愿意深入研究它，它总是会带来一种发自内心深处的、全新的、出乎意料的快乐。

我并非希望任何人遭受痛苦。让我们正确理解：如果我们能够免受痛苦，那样更好。我当然不是在建议追求痛苦，像某些宗教流派所做的那样，不给予一切形式的身体、具体表现、

1 布莱士·帕斯卡（Blaise Pascal，1623—1662），法国数学家、物理学家、哲学家。他曾说：“一个人不论何等幸福，若他没有事情可作为消遣或不能被某些热情与追求占据的话，他立刻就成了不满足的可怜人。”——编者注

幸福和生命以任何尊重、尊严和爱，像我个人所给予它们的那样。然而，如果感情或精神的痛苦强加在我们身上，我建议把它当作一种激励来经历，激励我们进入一个不同的意识层面，更上一层楼。

因为我相信，我们的痛苦常常在于无知：我不知道生命对于我的意义，这个重要的意义被禁锢在我内心宫殿的一个偏僻的房间里，一个被遗忘的房间里；而正是痛苦使墙壁产生了裂缝，打开了缺口或者转动了秘密房间的钥匙，使我能够抵达我内心一个崭新的、深藏的、出乎意料的空间。那是一个令我品味到内心更多的自在和幸福、更多的踏实和安全感的地方，从那里，我可以带着更多的善意和温柔观察自己、观察他人和世界。于是，这个被遗忘的房间敞开了，就像一个面向世界的露台。

克里斯蒂安·博班的这段话阐释了这种崩塌和这种开放：

> 突然，一块石头在你头上摇摇欲坠，然后是另外一些相邻的石头。你面前的一堵几乎再也翻不过去的墙，被风远远地一推，居然立刻消失了。你看着散落一地的石头：慢慢地但执着地，被遗忘的枯草分离，被疲倦的污水掏空，它们撑不了很久了。只需要一口气就可以使它们回到最初的零乱。你听着那分崩离析的最后的回声。你听见它们说：有人离开了你，他从未进来过。渐渐地，这些废墟的魔力

不复存在了，他们招致遗憾的最后权力解除了。你渐行渐远，体验到不可名状的一束光，使你意识到你失去的貌似无边无际，实际微不足道。

同理心，是在合适的地方倾听

同理心或共情，是对自己的经历或他人的经历感同身受。同情自己或同情他人，是把自己的注意力放在此刻的经历上。我们将通过以下四个阶段——同理心的阶段，把我们与感觉和需求联系起来。

第一阶段：什么也不做

我们在儿时经常听到“不要待在那儿什么也不做，做点儿什么去”，以至于我们以100种方式行动起来，无法满足于只待在那儿倾听而什么也不做。佛祖给了我们以下这个恰恰相反的建议：不需要做什么，站在那儿就行。

如果我们被我们的痛苦、愤怒和悲伤所困扰，那么我们要去接受他人的痛苦、愤怒和悲伤，接受仅仅待在那里该是多么难啊！要做到倾听对方而什么也不做，需要我们内心深处有一种信心，相信对方完全拥有治愈自己、唤醒自己和绽放自己所需的所有资源。将他与这些资源割裂开的，是他无法在合适的地方、以合适的方式倾听自己的心声的状态。内在的资源就在那里，缺少的是能看见它们的心灵。

许多迷失了方向的青年对我说：“当我跟我父亲或母亲谈到我的困难时，我只是想让他听我说会儿话。可我一张嘴谈到出了什么问题时，他就把他所有的建议都喷给我，把他那一堆堆的解决办法直接倒给我，他告诉我该做什么，他那个时候都是怎么做的。他不听我说……”

而这是典型现象：或许父亲或母亲被要做好事情的忧虑，被不符合好父亲或好母亲的僵化完美形象的恐惧，被孩子深陷难以估量的困境的恐惧，被孩子可能辍学、吸毒、受到操纵的恐慌想法所“困扰”，因而无法倾听年轻人的需求。家长的全部精力都被——往往是完全无意识地——关注他自己的安全感的需求和提供帮助或维持好父亲或好母亲的形象的需求（即自尊的需求）所驱动，而不是准备好默默地倾听对方的心声。同情对方，尤其对于感情纽带很重要的至亲而言，需要内心的力量和安全感。

第二阶段：关注对方的感觉和需求

生命在我们身上表现为各种感觉和需求。因此，我们应把心灵的耳朵朝向对方的感觉和需求，而不只是话语、声调和态度。为此，我们应花点儿时间与对方产生共鸣：“他很可能感觉到什么——悲伤、孤独、愤怒，或者兼而有之？而当我自己有这种感觉时，这说明我有哪些需求？”

我们使自己产生了共鸣、共振。正如鼓之间的这种振动效应：如果您把多面鼓并排摆放，使鼓面平行，那么您敲第一面鼓时，振动就会因共振一直传递到最后一面鼓。同理心在我们心中唤起的正是这种共振。

注意，这不是指要为对方的感受负责，因为那是属于他自己的。这是要向他表明我们与他在一起。

第三阶段：反映对方的感觉和需求

这不是解读，是为了意识到感觉和需求而进行的复述。重复、重新表述对方的需求并非要批准它们，更不是已准备好满足它们，理解这一点是很关键的。下面举一个例子：

“我的丈夫从来不帮我做家务。这是种自私的大男子主义。”

“我看到了，您很生气，而且作为女性，您需要得到尊重。”

这不是一种反映，而是一种解读，它包含着“大男子主义的男人与女人之间”的冲突。而问题是要确认我们真正理解了需要讨论的需求，同时避免使用包含划分、分离和对立的任何语言。我们应注意“填满”某种需求的感觉。如果我们没有反映这种感觉，我们可能会停留在抱怨和侵犯中。

“你是不是生气了（反映感觉而不是需求）？”

“啊，是的又怎样！因为这令人难以忍受。还有一天……”

经受痛苦的这个人继续指责，而没有走向她自己，也没有下到她内心的井中。只要我们“填满”了对方的某种需求，我们就会使此人深入她的内心，研究她的内心，这会使她的心变宽，唤醒她的意识，使她具有行动的力量。

“您生气是不是因为您需要您的劳动得到认可和尊重（B）？”

回答可能是：

“绝对是的，我需要认可和尊重。”

或者：

“根本不是，我感觉到了认可和尊重，另外我也不是生气，但我感到伤心和失望，我需要鼓励与合作。”

我之所以给出了这两个回答，是为了说明我们并不一定要说中这些感觉和需求。通过反映这些感觉和需求，我们向对方伸出了一根竿子。这种态度一方面促使对方关照自己的内心，深入自己的内心，确认自己内心的状况；另一方面向对方表示善意的倾听，这正是他找到自己的资源所需要的。因此这是一种积极的倾听。我们在场，表示我们的存在，并陪伴对方去探索他的感觉和需求。如果对方倾向于重新上升到他的理智和精神空间中，而他可能因此需要帮助来重新找到他的感觉和需求，则这种倾听就显得更加积极。

如果对方说：“无论如何，男人都是大男子主义，我们改变不了他们……”我们不会让这样一个具有“心理意义”的句子通过，因为它既代表了一种评判，又代表了一种分类。而这也是一个去看到一种珍贵的需求的机会，正如马歇尔·卢森堡所言，我们的评判是对我们的需求的悲剧性表达。[1]

> 我们的评判是对我们的需求的悲剧性表达。

比如，我们可以这样继续谈话：

“当您这么说时，您感到失望是不是因为您希望人类，尤其是男人，变得更加开放、更加互相关注（B）？”

“对于我丈夫来说，这还做不到！”

“这使您伤心，因为您希望能够信任他，相信他能够改变，他自己拥有改变的资源（B）？”

“哦！这我知道。当然，他具备一些卓越的素质。但他背离了他的这些素质。他对此视而不见。”

“当您这么说时，您是否感觉到一种分裂（S）：您的一部分被您丈夫的这些素质所打动（S），而您的另一部分又因为他极少利用这些素质而感到非常疲惫（B）？”

“是的，是这样。我被这个男人深深打动，他如此感性，如此细腻，如此害怕表现出这种感性和细腻，因此他认为必须扮演大男子主义者，同时我又为他没有发挥他的感性而感到十分伤心。（沉默）你看，刚才我还评判他是大男子主义者，而现在我却发现他是一个被这个游戏控制住的细腻的、体贴的男人。”

1　参见马歇尔·卢森堡（Marshall Rosenberg），《非暴力沟通：一门慈悲的语言》（*Nonviolent Communication: A Language of Compassion*），Tuddle Dancer出版社，1999年。

“发现了这一点，您有什么感觉？”

“我感到感动、释然（S）。因为我更好地理解了（B）我们都在玩游戏。”

“您想说您发现您自己也在和他玩一个游戏？”

“绝对如此，由于每个人都在玩自己的游戏，我们始终没有建立一种真实的关系。（沉默）我需要改变，摘下面具，把我的本来面目呈现给他，而不是我希望他看到的我的那个样子。”

“在这方面，您具体可以做些什么？”

（沉默）“问问他是否愿意花点儿时间倾听我的感受，勇敢地对他说出我刚才跟您分享的这些。”

评论

① 同理心意味着始终“贴近”对方的感觉和需求。也就是说，一方面，我们不编造任何感觉或需求，我们试图尽可能地靠近对方的感觉，同时用语言表述他的感觉和需求；另一方面，我们引导对方始终倾听和探索他自己的感觉和需求，而不是重新上升到他的精神空间或理智中，抑或他的文化、心理或哲学思考中。对方才是向导，应该由他来指路。

因此，在“男人都是大男子主义……”的例子中，我没有通过回答“不，不是全部，我认识一些男人……”或“你说得对，他们真是难以置信……”来辩论，因为这只能使我们兜圈子，抑或加剧划分或混淆。相反，我倾听对方的主张，我陪伴她，同时使我自己“贴近”她的感觉和她所说的话背后的感受，比如：“您感到失望是不是因为您希望人类，尤其是男人，变得更加开放、更加互相关注？”通过这样做，我引导对方离开了几个世纪以来众人习惯性地传播的那些形象、划定的类别和成见的世界，与此时此刻支配和鼓舞她的东西建立联系。我建议她将她的意识引向她真正想要的东西、她真实的需求，这些都隐藏在话语、语言习惯，尤其是抱怨的背后。

> 我经常意识到我不想要的东西，并为此向某个没有能力帮助我的人抱怨。
> 我可以使自己意识到我想要的东西，并向某个有能力帮助我的人提出请求。

② 在抱怨的过程中，我们实际上往往倾向于识别出我们不想要的或不再想要的东西，并把它告诉某个没有能力帮助我们的人。因此，我们可能在抱怨中度过一生却丝毫没有改变。有意识的非暴力沟通引导我们识别出并意识到缺失感背后的我们的需求，并将它告诉有能力帮助我们的人，而这个人往往是我们自己。因此，在“我意识到我们都在扮演角色，我也是。我想改变，为此我决定向他敞开心扉”的例子中，这个人摆脱了抱怨，学会了自我掌控。

③ 同理心是我们与自己和与他人关系质量的关键。正是它具有治愈、宽慰和使人焕发活力的作用。当您的悲伤、沮丧、孤独控制了您时，请看清楚它们。难道它们不是因为未得到您原本希望的接纳、倾听、理解和喜爱而造成的吗？请看清楚一场丧事、一次分手、一次项目失败带来的痛苦：如果您独自承受这种痛苦，它便犹如地狱般强烈；如果家庭中的某个人与您分担这种痛苦，情况会完全不同，因为您可以在理解和尊重中分享您的感受。如果您通过这一状况，达到意识的另一个层次，这甚至可以是一次新的沟通和一次获得不同的、意外而深刻的幸福的机会。

④ 在例子中，我指出我们不一定会说中对方的感觉和需求，但为对方提出一个建议，帮助他找到他自己的意识层次，对他则是有帮助的。我最近有机会对一组学生阐明了这一观点。我们在严冬的一个暖气不足的教室里学习，时间已近中午。此时，我向一个年轻女孩提出了那个习惯性的问题："你怎么样？你感觉如何？"她回答我说："嗯，挺好的。"我又追问："你渴不渴？"她回答："渴。""你冷不冷？""冷。""你饿不饿？"她笑着回答："饿。""你看到了吧，如果我提出更具体的问题，你可能发现你并非所谓的'挺好的'。我没有强迫你感到饿、冷或渴，但我引导你问自己是不是体验到了那些需求，引导你倾听自己，而不是习惯性地回答。这就是同理心所建议的：在合适的地方倾听自己。"

第四阶段：发现对方的紧张缓解、身体放松，往往表现为一声叹息

我们的非口头语言往往表现出我们感觉到被理解和心灵的交汇。等待这一信号对于确认对方感觉到被理解或准备好听懂我们的话是非常宝贵的。

在与卡里姆的交流中，这一时刻很清楚地出现了。如果我没有听懂卡里姆的话，他也根本没心思去理解我的话。

凯茜的故事或对同理心过敏

我观察到大多数人极其渴望同理心，并因为得到倾听而感到深刻的幸福，这是因为他们的感觉和需求得到了理解，而不是因为对方的多语和饶舌。同时，我看到一些人如此缺乏理解、善意的倾听（不加评判）和对他们本人的非控制性的接纳，以至于他们似乎对同理心过敏。就好像得到对方的心灵交汇和理解的事实剥夺了他们为自己建造的更宝贵的东西：他们叛逆的和不被理解的自我认同、他们孤僻阴郁的孤独感、他们不可抚慰的不幸。

这又是对未知事物的恐惧，但这次是以生存恐慌的形式出现的："我总是被打败，总是被保护，总是穿着铠甲。如果我敞开心扉，如果我说话，如果我放下武器，我会继续生存下去吗？"如此受伤的人们需要很多默默的同情，因为他们往往绝对不接受别人说的话：从街头小混混们的“闭嘴，别说了，这没你的事”到某些自以为是的人的“我受不了这种心理暗示的话和这些模棱两可的观点，我自己有非常明确的想法和很好的逻辑，就是这样，而不是别的”。经过深思熟虑，他们不敢再有任何感受，他们不敢再有存在感。

强烈的拒绝往往表达了强烈的需求，正如以下凯茜的例子所表现的：

几年前，我们与20多个混迹街头或住在收容所的青年们一起，在一个烈日当头的沙漠地区进行了一次为期多日的河流穿越。凯茜在出生时就被她的母亲抛弃了，后被一家收容所收留。作为一个14岁的女孩，她的词汇表甚至会让一个老监狱看守吃惊！要想跟她说话却不接收大量的诅咒、猥亵的画面和其他充满她的那种“活力”的表达方式是不可能的……

从头几天起，当我们迎着烈日顺流而下时，我建议她在她的T恤外面套一件长袖衬衫防晒。而她，只要一看到太阳，就不想浪费一点点。我理解她！

晚上，在露营地，我发现她的两条胳膊已严重晒伤。

“凯茜，我有晒后修复霜，如果你不想用的话，我担心这些晒伤会让你觉得疼的。”

“关你什么事，去你妈的……”

“好吧，凯茜，没问题，我不管，你想晒就晒吧。但我建议你明天穿一件长袖衬衫，否则你会被灼伤。这里的阳光比我们那里要强烈得多。”

“我跟你说了，闭嘴，让我安静点儿……”

第二天，她又尽可能多地晒了一天太阳，不愿意穿长袖。晚上，她整个人都晒红了，严重灼伤。

“凯茜，这次我真的认为你这样会很疼。我的修复霜在我的包后面的石头上，如果你想，我可以帮你涂一涂你的后颈和后背……”

“滚开。拿开你的爪子，窥淫狂……”

“好吧，凯茜。”

她走开了，去搭她的帐篷。我观察着她，看到她搭不起来。她看见我在观察她，就叫道：

“嘿！狗娘养的！你就不能来帮我搭帐篷，而不是待在那里一动不动吗？”

“我很愿意，凯茜，”我眨了一下眼，又说，“你也可以叫我托马斯，而不是‘狗娘养的’，不是吗？”

她笑了，我帮她搭起了帐篷。我们聊了一会儿。这个小女孩儿的温柔从她叛逆的面具下流露了出来。我回去做我的事，给自己胡乱涂上晒后修复霜。随后，我听到凯茜叫我的名字，并把她晒得通红的前臂伸给我：“嘿！托马斯，你也给我涂点儿吧？”

这天晚上，只涂了前臂。第二天晚上，她还让我帮她涂了后颈和肩膀，之后，这变成了我们之间的一个小仪式。在我们长途旅行的每个晚上，她都来让我帮她做这个清凉的按摩，这于是成为接收无声的温情和互相倾诉的机会——我们互相敞开了心扉。

还记得《小王子》里的那只狐狸吗？“我希望你对我敞开心扉。”狐狸说。“可什么是敞开心扉？”小王子问。“你看，我对你而言是一只狐狸，就像千百只其他狐狸一样，而你对我而言是一个善良的小男孩儿，就像千百个其他善良的小男孩儿一样，但当我们互相敞开了心扉，我们对彼此而言都将是唯一的。”

变成对彼此而言唯一的，成为对方眼中唯一的，这可能就是凯茜14年来一直期盼的：作为“唯一的”被缔造、被认同、被接纳。在这方面的严重缺失是如此大的痛苦，以至于她无法接受我最初的尝试，而把它视为一种侵犯。

返程时，当我接过她的行李，把它们装在拉她回收容所的大巴上时，她扔下她的两个包，看着我，眨了一下眼睛，对我说：“我不想回……收容所，你收养我吧？”

对同理心过敏经常出现在夫妻关系和家庭关系中。一些人可能在与另一个人的关系中积聚了许多痛苦，以至于他们无法再承受来自对方的一句话，哪怕是表达爱的话。这种状况对于两个人来说都极难忍受。维持封闭关系的那个人苦于把自己禁锢在痛苦中却不自知。他落入了一个陷阱，却不愿意相信钥匙就在他自己手中。他的无力感、抗拒感和孤独感无边无际。

敞开大门并试图伸出援手的那个人也极度痛苦，因为他的好意和努力没有被认可和接受。出于怨恨，他往往自己也产生了抗拒，然后是侵犯，以便抢先确认他维系着断裂的桥梁是正确的，于是我们又落入了恶性循环或暴力的螺旋线。而这可能持续几个世纪……看看那些世代相传的部族或家族仇恨吧！

做些什么？

① 对于想要保持大门敞开的人：避免会引发侵犯的行为。无论如何，面对一种持续的状况，以非暴力沟通形式表达的一种健康的愤怒往往能够使人清楚地表达他的沮丧而不侵犯到对方。我们将在后面看到如何有力地表达我们的愤怒而不侵犯对方。

然而，往往是采取关闭大门态度的那个人会认为一切都是反对他的，以至于一种表达某些非侵犯性需求的愤怒都可能被视为一种侵犯。

于是还剩下沉默的同理心：心灵的共情。这需要在内心产生对自己的同理心，从而不使自己转而侵犯对方。

我认为，不陷入恶性循环或暴力螺旋线的唯一方式是：保持自己的善良，从内心接纳对方的痛苦以及他的态度带给我们的痛苦，根据具体情况努力找回内心的平和。我们每个人都对保持自己内心的斗争或平和负有责任。

如果我们自觉没有独自抵抗暴力螺旋线的力量，那么这一努力可能需要帮助。就个人而言，当我感觉自己在侵犯中摇摆不定，而我又想保持自己的善良时，我曾感受到对外部支持的需求，并求助于同事们的倾听和同理心。

当然，我本来可以通过某种侵犯性的爆发来获得某些结果：把闹钟扔到地上可能会排除它的故障，但也可能摔碎它，甚至某个弹簧的恶性反弹可能扎破我的一只眼睛！我不再有兴趣以这种方式来解决冲突，我太害怕它的某个机关会反弹。从此以后，我内心在意的不再是我们交往的结果，而是我们交往的气氛。保持同理心，即使是单方面的，也是一种比培养感觉更让我开心的气氛。

“真动听，”您会说，“可然后呢？”好吧，这就是在这种情况下经常遇到的问题。我们很清楚我们无法改变对方，我们只能改变自己，改变自己看待对方的方式。情况往往是如果我们改变了自己，对方也会改变，或者，无论如何，如果我们愿意改变，他改变的机会就更多；而如果我们绷紧我们的态度，他也完全有可能寸步不让。就像需要两个人才能开启一场进攻性的网球（我进攻你，你反击我，我再加强攻势，除非我决定放下球拍说我不玩了），我完全相信，需要有两个人才能一直赌气。

因此，我看到一些关系重新建立，因为一方始终保持大门敞开，而对方固执地关闭大门。那个关闭大门、将自己封闭在赌气状态中的人实际想要什么？他往往希望对方理解他是多么痛苦，希望对方为他的悲痛采取措施，但由于他没有更多的语言表达，或者不再想说什么，他就“关上了门”，封闭了自己。不顾对方的态度，仍想要敞开大门的那个人可能想要什么？明确地表达或默默地表示他对对方痛苦的同情，用他的态度告诉对方他会接纳他的痛苦，不予评判，不加指责。

同理心是一条水流，它可以找到穿过最坚硬的岩石的路，因为最需要解渴的心灵的那个部分会在那里召唤它。但往往同理心的形成对耐心有较高的诉求，而我们可能想以一种更加令人满意的方式选择如何使用我们的时间和精力。

② 对于想要关闭大门的人：除非这种状况让他觉得最终足够不舒服，以至于他想摆脱它，否则我不太会建议他冒险进入自己的痛苦以摆脱它，冒险离开抱怨的舒适感（“这是爸爸、妈妈、丈夫、妻子、老师、孩子们的错”），冒险停止与自己和现实讨价还价（“以后会好的，我会重新开始我的生活，搬家或出国，与我的新配偶在一起，一切都会改变”），冒险深入伤口以治愈它。

这项工作往往也需要帮助，如果我们想避免年复一年地一直兜圈子的话。不幸的是，在这种情况下能接受需要帮助的想法的人少之又少。他们宁愿反复咀嚼他们那“骄傲的不可抚慰性”，正如内瓦尔[1]在他的诗中写道：

---

1 热拉尔·德·内瓦尔（Gérard de Nerval，1808—1855），法国浪漫主义诗人、散文家。

> 我失去了妻子，忧郁、无人慰藉，
> 我是废弃城楼上的阿基坦王子。
> 我唯一的星辰已经死亡，而我那繁星点缀的鲁特琴
> 披着我忧郁的黑色阳光。

请求帮助，等于表现出他的困苦和脆弱。而我们的脆弱正是我们得到真正的力量——心灵的力量——的机会，我们的困苦正是我们得到真正的财富——灵魂的财富——的机会。意识到这一点，就意味着我们已经深刻地剖析了我们的创伤，并因此更深入地认识了我们自己。

我所谓的“骄傲的不可抚慰性”，停留在某个意识层面：我待在原地，披着我的痛苦的外衣，深信人们永远不会理解我，尽管如此，我仍然或多或少有意识地期待着“人们”来关心我。或许这个人待在原地是正确的，或许这是他在那个时刻、那种情况下能做的最好的事，或许他已经没有多余的精力去请求帮助或仅仅是换个角度看待事物。我并未对此做出评判，我只是一想到人类能够任凭自己被痛苦如此牵绊，阻止自己利用这种状况得到成长，就感到十分悲哀。我也担心此人在他的位置上变得僵化，被禁锢在他的状况中，不再行动，不再振作，除非遭遇事故、决裂、疾病或丧亲的打击。

我们的需求与其说需要被满足，不如说需要被认可

一位女士是一所幼儿园的园长，在一个周末来参加了一期教育研讨会，周一又回到了她的工作岗位。她到幼儿园的时候，看到一名年轻的助教正试图安慰一个第一次被母亲送到这里来的小女孩儿。那个小女孩儿泪流满面，年轻的助教尝试了所有传统的方法来“解决”问题。

第一种态度：否认对方的感觉

“不，我的小姑娘，你不要伤心。这里非常有趣，你会看到的。”她的感觉被认为打扰了我们，因为我们感到无力去“做些什么”，因此我们否认了它。

第二种态度：使对方产生负罪感

“你不该伤心，有许多小女孩儿没有机会像你一样来到这么漂亮、有这么多玩具的幼儿园……”我们因为她感受到她当时的感受、表现出她那一刻的真实面目而指责她。我们试图让她明白，她的感觉是个错误，她的伤心是没有道理的。我们因此引导她怀疑她的感觉或压抑她的感觉，以便融入集体！

第三种态度：评判和操作性的愤怒

“我受够了你的哭喊，你真是难搞。我不管你了，等你安

静点儿的时候我再来。”

看到这一切，园长建议由她来照顾这个坐在地上哭得更伤心的小女孩儿。她走近孩子，跪在她的旁边，对她说：

“我的小姑娘，你现在在这里真的很伤心吗（S）？”

“是的。”小女孩儿呜咽着回答。

“你伤心而且非常生气，是吧（S）？”

“是的。”小女孩儿抽搭着鼻子说。

“今天上午你本来很想和妈妈待在一起（B）！”

“是的。”小女孩儿边说边叹了口气。

这位园长也叹了口气，同时同情地看着小女孩儿，然后向她建议道：

“你现在想来和我一起玩吗？”

“好的。”小女孩儿说。

发生了什么事？曾经感到如此孤独和被抛弃了的小女孩儿，现在感觉得到了理解：“啊，这里终于有一个大人理解我了，她不跟我说废话！我终于在这里找到存在感了，因此我很想去玩。”

这位园长懂得，倾听对方的需求会缓解她的沮丧，也不会因此使自己有责任去满足她的需求。正是这种意识使她说出了“今天上午你本来很想和妈妈待在一起”这个需求，而不担心因为揭开伤疤而使事态恶化，也不会因为提到了她的母亲而需要去满足这个需求。

这个例子又一次告诉我们，我们往往什么也不需要做，只需要在场，陪在那里，而这也不一定会花很多时间。

关于影响评判的权力

那个有时听到别人说她“难搞”的小女孩儿当然有理由固守这种自我认同，并在这面旗帜下打转：“我是幼儿园里那个难搞的小女孩儿，你们会看到我会给你们理由给我贴上这个标签！我不能存在于我的愤怒中，我要存在于你们的愤怒中，我的慌乱不被允许，我会利用自己去制造你们的慌乱……”

我曾多次观察到人们甚至赋予这种影响做评判和贴标签的权力。有多少处于困境中的青年被评判为“危险的惯犯、无可救药的瘾君子、侵犯专家、扒窃行家……”，他们发现自己被给予了一个恰当的身份，以填补他们认同感的缺失，并因此强化了他们的行为。这种行为在那一刻已经变成让他们成为某个人物而不是一无是处的唯一方式。

我想起了安托，一个18岁的男孩，他曾多次入狱，并在犯事间隔期定期参加我们的活动。安托曾经遭受他父亲的毒打，他没有学会如何相爱，所以当他对自己不满意时，他有时候会用小刀自残来惩罚自己。一天，我在很久没有见到他后得知，他刚出狱不到48小时又被抓进去了，要监禁三个月。这次出狱后，我问他出了什么事。他说："嗯，你知道吗？法官对我说：'你会在牢里度过你的余生。'的确如此，我变成了一个罪犯。当我在牢里时，所有人都认识我，我有一些伙伴，而我是头儿。当我重新回到大街上，你知道，没有人认识我。我谁也不是，我什么也不是，耻辱！苦役！于是我当着一个警察的面攻击了一个老太太，于是我赢了！当天我就重新见到了我牢里的伙伴们。"

我从这个例子中得出两点看法：

① 这种影响评判的权力给他贴上了"我是一个罪犯，我将在牢里度过余生……"的标签。由于没有更好的办法，安托利用自己来符合这一定义。

② 各种不恰当的准则使他惧怕这样一种现实。我当时还是一名律师。由于安托和很多其他人的经历，我逐渐理解了法律准则（这是合法的，那是非法的）、道德准则（这是好的，那是坏的）、社会准则（应该这样做，这是正常的；不应该那样做，那是不正常的），以及心理学准则（破坏性人格，触犯法律）对于使人们惧怕现实的本来面目是不恰当的：安托忍受了18年的爱的缺失、认同感的缺失和情感安全感的缺失，而你跟他说"这是坏的，这是非法的，你有心理问题……"就等于跟他谈论火星人，会更加疏远与他的感情。现在根据经验，我明白了，要想使安托那颗已撕碎的心灵尝试与自己、与这个社会握手言和，唯一的方法就是带着同理心、在适当的地方、花费需要的全部时间去倾听他的心声。或许需要采取一些措施来确

保相关人员的安全，但不是把他关在栏杆后面，同时希望进行一场可以产生奇迹的对话……因此，我很失望地看到，除了个别例外情况，所有社会和所有政府都还不明白这一点或者还不相信这一点，仍在继续将可观的金钱和人力资源用于关押和隔离那些往往更需要接纳、倾听、交流和找到生命意义的人。我并不是在说法律、道德和社会生活的准则没有它们存在的理由。然而，它们极少能够可持续地、真正令人满意地解决人类的问题，比如犯罪，它的真正起因主要是情感方面的。

我们没有时间理解自己，但我们却花时间误解自己

在一次培训中，一位母亲厉声斥责我：

“是的，但我们没有时间像这样互相倾听。您想象不到，比如，早晨要如何与时间赛跑，才能让每个孩子准点到校，让我准点上班！您听听吧，好几个星期以来，每天早晨7点45左右，我的两个大孩子已经在汽车里，书包放在膝盖上，好在8点一刻到校，而我还得在这之后送走我的小女儿，这样才能在8点半到达公司，可您知道我的小女儿在干什么吗？她还在浴室的镜子前慢慢地梳她的头发！您认为我有时间对她说我的感觉如何，我的需求是什么吗？我当然就爆发了，说她自私、不长脑子，然后粗暴地把她拖上车。”

“那么您的感觉如何？”

“狂怒。我们每一次都浪费时间，男孩们总是迟到，我也是，而且，所有人在整个车程中都在发牢骚。”

“您说这种情况持续了好几个星期了？”

“是的，每天早晨。但是您看到了吧，我们没有时间像您建议的那样去讨论！”

我建议由她自己来扮演她的小女儿，而我扮演她的角色。因为经验表明，站在别人的位置上往往可以触发意识的开关，让人豁然开朗。她很开心地扮演她的女儿，无忧无虑地在浴室的镜子前梳头。

“我的小姑娘，当我看到你现在在梳头（O）时，我感到非常担心（S），因为我希望你的哥哥们准点到校，我自己准点到办公室（B）。你是否愿意和我们一起来（D）？”

（沉默。扮演小女儿的母亲继续梳头，很淡定。）

扮演母亲的我看到跟她谈论“我”在此时毫无用处，于是选择跟她谈论“她”，并试图理解她。于是，我提出了我想象中她能接受的感觉和需求，因为如果我是那个选择在当天全家人都焦躁不安的这个时间平静地梳头的小女孩的话，我就会有这种感觉和需求：

“我的小姑娘，你是不是有什么伤心事（S），是不是有什么事需要我明白（B），而我一直不明白？”

“你坏！”

“你伤心是因为你担心我没有像你希望的那样爱你吗 (B)？”

“你早晨不再叫醒我了！”

在脱口而出这个回答之后，这位母亲跳出了角色扮演游戏，对我说：“停！我明白了！这几个星期以来，我的确没有再像以前一直做的那样，每天早晨在说‘早上好，男孩们，到点了’来叫醒男孩子们之前，上楼到女儿的房间给她一个很特别的拥抱来叫醒她。以前叫醒男孩们和叫醒女儿是用不同的方式。现在，我一边穿过卧室中间的走廊一边喊‘早上好，孩子们，到点了’，我不再去给女儿一个拥抱。实际上，女儿可能是因为要因此跟上哥哥们的步伐，而丧失了她作为老幺的特殊地位而伤心了。”

研讨班为期两天，中间间隔一周，因此她有机会在家里实践。下一周她回来时对我说：“的确如此！第二天早晨，当女儿又在7点45不紧不慢地梳头的时候，我决定即使今天我们全部迟到，也应该解决这个问题。在浴室里，我平静地坐在她的身边，对她说：

“‘告诉我，你伤心是不是因为我没有每天早上再来给你一个大大的拥抱？’

“‘是的，你不再爱我了。你更爱男孩们。’

“‘你失望是因为你想确认你仍然是我的宝贝小女儿，我不会借口你长大了而强迫你和男孩们做一样的事。’

“‘是的。’

"'我能做点儿什么让你确信我特别爱你，你可以按照自己的节奏成长？'

"'你每天早晨还来拥抱我！'"

于是，这位母亲恢复了晨起拥抱的小仪式。当然，那一天，所有人都迟到了。但小女孩儿在以后的日子里不再需要以耽误所有人的方式来提醒她的存在了。

奇怪的是，我们往往总有时间在几个星期内每天争吵，却没有时间用几分钟来交流。我们的注意力优先放在什么上？杂务（准时到达）还是关系的质量（准时的善意）？

在看到我们的误解往往会通过互相倾听而迅速澄清的同时，我也越来越惊讶地观察到那个悲剧的旧习惯，即认为"争吵很正常"，花时间争吵"是生活的一部分"，而坐下来互相倾听，花时间待在一起往往被视为浪费时间或者干脆完全被无视！难道我们对幸福、对在一起的乐趣、对安宁如此过敏吗？抑或我们很难相信幸福，以及在一起的乐趣与安宁是可以培养的吗？

对我而言，我们急需重新审视我们的旧方案：我们每个人都拥有握手言和或挑起战争的主动权。面对任何情形，我们都可以选择我们的态度：强迫小女儿并每天重复这一幕，或者理解小女儿并每天更深入地互相交心。这个选择权在我们手中。

第四章

交 心

La rencontre

我们应全部团结起来。全人类的命运取决于每个人与其他人的关系。我们从来不曾这样彼此依赖。但我们不明白，人类没能变成天生具有同情心的生物，他们不能互相帮助。如果我们固守这种把我们的邻居作为我们的首要敌人的态度，如果我们继续激起报复与仇恨，继续污染我们的世界和我们的思想，这就意味着我们什么也学不到，无论是从大师们那里，还是从耶稣、佛或摩西那里。如果我们不纠正这些巴甫洛夫条件反射，我们将无法抗击这个人类仍在互相挑衅并始终在利用、战胜和实施专制的时代。最大限度地积聚，不担心随之而来的后果，依靠既没有手段又没有资源的那些人生存……我们应该与那些与我们不同的人分享，因为他们与我们的差异会丰富我们。我们应该尊重他人身上的特质。

——耶胡迪·梅纽因

头碰头

如果我们只在智力层面下功夫，而没有意识到我们的需求，我们就有可能经历以下几种模式的关系。

在日常生活中，我们会交换一些信息或一些约定俗成的表达方式："把盐递给我。""来火车站接我。""这个周末我们干什么？""别忘了扔垃圾……"在发生冲突时，我们争论"谁错了，谁对了"，而这往往支配着所有事情。虽然这不是一种富有情感的沟通方式，但我们还是达到了沟通的目的。

遗憾的是，很多时候我们采取了以下沟通方式：

我们的沟通无效，我们互相错过！“我跟他说100遍也没用，他听不懂。我不知道要用什么语言跟他讲话。”我们觉得说清楚了，发送了一条信息，但信息没有被对方接收。这就像对方没有合适的天线或截获了其他电波。反过来，我们也常常有这种感觉，即对方发出了一条信息（心不在焉、沉默、赌气、愤怒、指责），但我们没有合适的天线来解码。

有时候我们是这样沟通的：

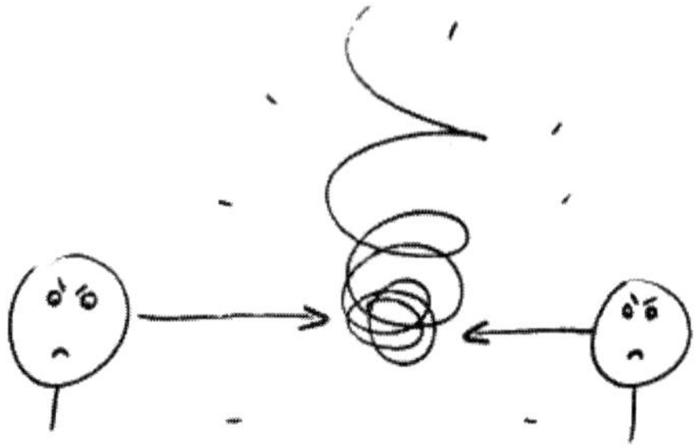

我们交流了，是的，但用尽了全力！这样传递行动或语言无异于在刀刃上行走……

门面对门面

在观察我培训中建议的这几幅图时，我对自己说，我们的确停留在事物的表面，面对面，门面对门面。于是我想起了安娜·布里（Anne Bourrit）用来说明如何理解我们的需求的一幅图，她是我的第一位非暴力沟通培训师，在我自己组织的培训中，我常常优先请教她。那是一幅人像，图中的人像一口井：需要深入到他的内心，才能找到他的活力。把这些门面的图和这幅井的图相结合，我想象出了这个画面：我在地面以上画了三个门面，一个门面很小，是一顶帐篷；另一个稍大，是一座小房子；第三个非常大，是一座塔，即一座威严而坚固的建筑。

请您回忆一下第一章：在评判时，我们只看到对方的一个小的方面，我们把这很小的一面当作他的全部，然后我们把他禁锢在其中。如果我们重新采用那个剃着莫西干发型、染着橙色头发、脸上穿环的男孩的例子和那个坐在豪华轿车里的夫人的例子，我们可以用印第安人的帐篷来代表那个男孩，用那座塔来代表那位夫人，用漫画的形式表现他们之间的交流，在他们头上各引出一个红色的圆圈，里面写上批评、成见和偏见：

“你是一个肮脏的小朋克，去穿上得体的衣服……”

“你是一个肮脏的资产阶级妇女，把你的钱和汽车给我……”

通常，为了避免这种过度表现，我们会采用一种友好的门面：中间的小房子。这样，既不会因为太小而压垮我们，也不会因为太大而不接收信息，但我们不会表现出我们的本来面目，因为那太可怕了。(如下图)

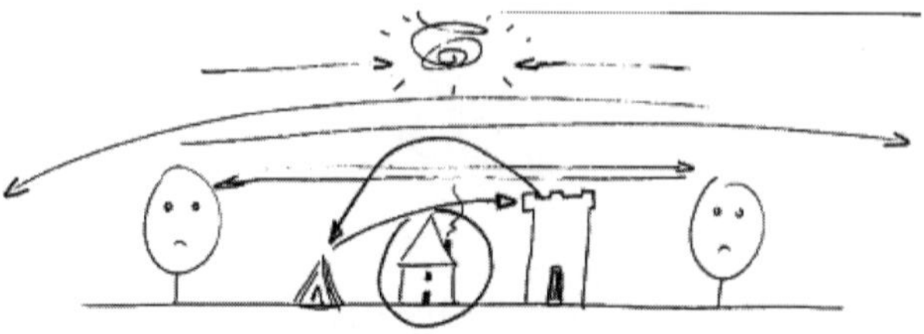

这就是当我们停留在我们的智力层面而背离了我们的感觉和需求，以及他人的感觉和需求时的关系。

从一口井到另一口井

我建议您用以下方式补充上面这幅图，同时意识到这个星球上的所有房屋都应临水而建。于是我在每个建筑的门面以下挖了一口井，我看到这样的情形：无论是什么样的门面，无论它们可能表现得如何多样或对立，这些房屋都因为这几口井而在同一含水层上相互连接起来。

人类也和井一样：如果他们深入自己的内心，他们就会由同一含水层相互连接起来。维持所有人类生命的是同一水源，赋予他们生命力的是同样的需求。因为，无论我们是草原上的游牧民族，还是跨国公司的总经理；无论我们是偏远郊区的清洁工，还是被娱乐圈炒作的明星，我们在根本上都有对于认同感、情感和物质上的安全感，以及融入一个团体、部族或家庭的相同需求。我们都有分享和联系、自由和自主、被认可和成就感、爱和被爱等需求。

如果我们停留在表面，面对面，门面对门面，我们就很有可能一直使用一种分离和划分我们的语言。如果我们真的想要深入我们自己的井中，并陪伴对方深入他的井中，我们就很有可能找到一种把我们凝聚在一起的语言。

上图中，跟着箭头的方向在井里走，您会观察到，要想以适当的方式接近对方，我们需要先经过我们自己；要想在对方的井里与他相遇，我们需要首先深入自己的井里。这让我真正领悟到，在走向对方的路上，我不能省略走向我自己的路程。

缓步舞向对方

交心是一种运动，往往是缓慢的、完全内在的，即从我到我，从我到对方。这一运动在我们给予自己的自由空间里占据一席之地，它是交心的一个基本条件：我现在通过自己的切身体会知道了，没有这个自由空间，就没有呼吸，就没有运动，就没有“创造性的摩擦”[1]。

我试着画了一幅图来表示这种交心的运动，在非暴力沟通中，它就像在跳一支舞：我们与自己跳舞，也与对方跳舞，从而彼此交心。请您再回忆一下蒂埃里和安德蕾关于晚上去餐馆吃饭还是在家看录像带的交流（见第一章）。

1 居伊·科尔诺的观点认为，任何创造都诞生于一种运动，也就是一种摩擦，正如琴弓摩擦着琴弦，手指摩擦着陶土，羽毛笔摩擦着纸面，身体摩擦着空间。

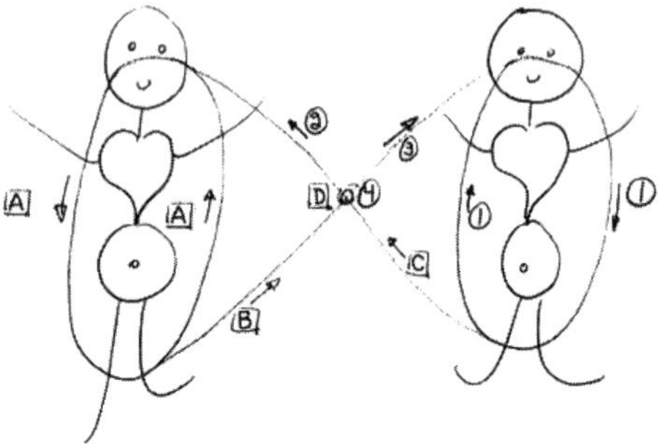

蒂埃里

A. 我与我自己联系，我指出我的需求。
B. 我与安德蕾联系，我和她一起指出她的需求，同时不停止与我自己的联系，直至我们达成一致，即就我们意见相左这一事实达成一致。

安德蕾

1. 我与我自己联系，我指出我的需求。
2. 我与蒂埃里联系，我和他一起指出他的需求，同时不停止与我自己的联系，直至我们达成一致，即就我们意见相左这一事实达成一致。

如果说制服是通过约束和控制来实现的，那么驯服就是通过信任和自由来实现的。我们跳着靠近彼此的舞步来驯服对方。

维护关系

我们每个人都会定期保养我们的身体、头发、胡须、衣服、住处，以及我们使用的各种设备：从咖啡机到电脑，还有割草机和汽车。我们为了自己的舒适而维护这一切，而所有这些杂务都完美地完成并融入我们的习惯中，以至于我们可以借口汽车在保养或电脑出了故障，毫不费力地推迟一次约会。我们也可以心安理得地让我们的所有计划为一次体检让行（“我们把会议推迟到下周吧，因为这周我要去体检”），甚至是为了做头发（“亲爱的，我们今天下午不能见面了，我忘记已经跟我的发型师约好了”）。但很少有人敢说“下周我要请假，因为我得为我与自己的关系做一次年度检查”，或者“亲爱的，我们今天下午不能见面了，因为我希望首先重塑我的内在美”。

奇怪的是，关系，无论是与我们自己的还是与他人的，被认为可以自动前进，不需要燃油，不需要调节，不需要维护！难怪它会如此频繁地用光、耗尽或破裂——因为我们不保养它。比起亲密的关系，我们更关心那些杂务，仿佛这是一个众所周知的假设，或者更准确地说，是“假设不知道”。我们看不到，我们不想知道，亲密关系让人害怕。的确，如果我们不了解自己，如果我们的内心不笃定，那么无论是与我们自己的还是与他人的亲密关系都会使我们害怕：害怕丧失自我，害怕像一滴水那样消失在海洋中。于是我们忙于杂务，而交心则往往被搁在一边。

我有一个建筑师朋友，他曾接受过非暴力沟通的集训，以便更好地理解他的客户，主要是帮助他们更好地了解他们自己。他的许多客户都是要修建或装修房子的年轻夫妻。工程期间，他们经常会爆发争吵，以至于当房子建好了，夫妻俩也分手了。因此，许多年轻夫妻的房子刚一建好就挂牌出售了……这是怎么回事？杂务优先于关系，组织优先于关系。每个人都如此喜爱他的书房、厨房、地毯或涂料的颜色，以至于最终书房没了、厨房没了、涂料颜色没了……实际上，这些夫妻本可以借建造房子的机会来建设他们的关系，借改造或翻新房子的机会来改造或翻新他们相处的方式。但他们更关心自己对于房子、对于书房和厨房的计划，而不是对方，以至于这个计划最终落空，变成了门前的一块“待售”的牌子。

下面的故事是在非洲发生过的一件真事，是几年前一个参加培训的学员给我讲的。这位男士曾经在一个管理非洲开发项目的欧洲组织里工作。他经历的一个项目是在一个非常落后的村子里安装水泵。该组织看到村民们需要走一整天到一条河边，才能洗衣服和打到生活用水，然后再走一整天回到村子，而这对村民来说是家常便饭。对此现象感到愤慨的负责人立即批准了必要的预算，用于在这个村子里挖几口井并装上水泵，以方便村民打水……水泵很快就装好了，并举行了盛大的揭幕仪式！然而，几个月后，组织者们发现居民们自发用石头把水泵给砸坏了。

该组织进行了调查。村民们宣称他们自愿选择放弃水泵的便利，以找回他们村里的幸福。因为他们发现，自从装了水泵，人们不再交谈，出门直奔水泵打上几桶水就回家，而在篱笆和围墙的隔离中，人们开始议论“别人的是非”，而不是彼此直接交谈。于是，是非开始出现，争吵与不和爆发了，因此村里的老人们决定弃用这些水泵，恢复去河边洗衣、打水的惯例。他们意识到这一旅程不仅可以清洗衣服，而且不至于使“家丑外扬”，不仅可以打到村里的日常用水，而且可以促进维护生活质量所需的交流。

这个村子有他们交谈的自然场所。

交谈的场所

我觉得我们急需创造更多的交谈场所：在企业里，在学校和教育机构里，在医疗行业里，在协会行业里，在行政机关里，甚至在家庭里!

我在医疗行业、家庭、学校，以及青年协助机构里主持每月一次的谈话小组活动。来向我求助的机构和人员都在他们的活动领域内优先选择了关系，并承担了时间、人力资源和预算方面的代价。所有这些小组都震惊地看到，误解可以澄清，误会可以消除，冷战可以缓和，憋在心里的话可以表达出来，因为我们提供了一种令人放松的环境，在这里每个人都知道他可以经常地、完全自由地，甚至笨拙地表达自己的想法，而不会遭到评判或否定……这也是一个使工作团队或人员小组分享他们的喜悦和热情的机会。这些交流也有助于清理堵塞的关系，并促进关系的加深。

在组织谈话小组活动的过程中，我非常惊讶地发现，为数众多的组织、机构、协会、机关和企业，甚至常常是人力资源领域的团体（学校、医院、青年协助机构等），在经营过程中没有供人交谈的场所，也没有共修小组。多少精力和创造性都丧失在流言蜚语、小道消息、不思进取和阳奉阴违中了！如果有一个场所能够确保维护团体的关系，那么所有这些才华和这种活力都将以更加令人满意的方式得以施展。

如此多各种类型的团体，行政的、商业的，还有宗教的或家族的，都从内部被沉默和闭口不言啃噬着，有的甚至世代相传。

作为彬彬有礼的好男孩和好女孩，我们往往学会了让人闭嘴和让自己闭嘴，把不说的话搁在一边，就像我们把一块奶酪放到壁橱里一样。放在壁橱里的奶酪的问题是，它最终会使整个屋子发臭——臭味无处不在！

我们很久都没有集体走到河边去打水了。但如果我们没有花时间更多地了解自己、爱自己，我们还能长久地给予关怀、教育、帮助，提供贸易、服务和工业支持吗？在得到了全面的照料、教育、帮助、衣服、食物、服务之后，我们难道不会只是因为渴——心灵的干渴——而死去吗？

第五章

情感安全感与意义，和平的两把钥匙

La sécurité affective et le sens, deux clés pour la paix

显然，一个人虽然表面看来手无寸铁，但如果他敢于大声喊出一句真话，以他的人格和生命来守护这句真话，并准备好为此付出高昂的代价，那么即使他在形式上没有任何权利，但他会拥有比其他情况下千千万万匿名选民更大的权利，就是如此惊人。

——瓦茨拉夫 · 哈维尔[1]

1　瓦茨拉夫 · 哈维尔（Václav Havel，1936—2011），剧作家、哲学家、捷克共和国前总统。——编者注

如果……我就爱你

在本章中，我会阐述有附加条件的爱的制约以及这种爱导致情感不安、意义混淆和暴力的方式。

我们学会了做事，而不是为人

我们学会了做事，而不是为人。我看到教育领域的几代人（父母、教师、教育工作者、教徒等）一直在使用以“你”为条件的感觉表述方式，却没有指出需求（“当你照我说的做的时候，我会高兴；当你没有那么做时，我会伤心”）。这种表述已经导致并仍在导致一种可怕的情感不安。与我一起工作的大部分人——首先是我自己——已经从“当你……时，我会高兴”“当你……时，我会伤心”中听出了言下之意，即“如果你……我就爱你”，“如果你……我就不再爱你了”。

我不是说这就是讲话者想要表达的，我是说这是听者听到的和理解的，而我感兴趣的，正是这种暗语隐藏的实情，因为它制约着我们处理关系的一切方式和我们在这个世界上存在的一切方式。

“如果你去收拾你的房间，如果你在学校好好学习，如果你听话，如果你乖一些、和气一些、友善一些……，我就会爱你。如果你淘气、生气、心不在焉、兴奋过头、想入非非，如果你不照我说的做，如果你不符合我的期望……，我就不爱你了。”

我们被“训练”要达到和符合他人的期望，我们适应并过度适应这些期望。我们懂得做一切事去取悦他人，但我们不懂得如何做人，简简单单地做自己。我们学会了做一切事去符合那个听好爸爸和好妈妈的话的好男孩、好女孩的形象，之后，我们还要努力做一切事去符合好丈夫、好妻子、好干部、好员工的形象。在这一切努力中，我们常常会在许多活动和计划中坐立不安，会在工作、家庭和社会活动中表现出满腔热情，却不曾关心自己内心的幸福，因为我们从未学过如何意识到这一点。我们往往只能在自己做了许多事情后，按照我们所做事情的数量多少来决定爱自己的程度。我们活着，却没有意识到，我们生于世间，就应品味一切事物的身份和存在以及我们与它们之间的关系；我们活着，没完没了地算计好意识与坏意识，却总是入不敷出。我们没有站在我们人生的甲板上，遥望着广袤苍穹中的繁星来测定方位、确定航向、调整风帆，也没有在掌舵的同时品味航行的乐趣，而是在船舱的底部核对我们的账目，感受着轻微但持久的恶心。

▌ 激发意识还是算计好意识和坏意识？

意识还是算计？

我们总是感觉或多或少应为对方的感觉负责，尤其是或多或少应成为对方的感觉的依靠。如果他伤心或不幸，那是我们的错，我们本应该“做些什么”。因此，我们心甘情愿地背上了负罪感。反之，我们也自愿让对方为我们的感觉负责或内疚：“我伤心或不幸，因为你……”在这两种情况下，我们都不懂得“存在”。

在第一种情况下，我们因为相信我们应为对方的状况负责而十分担忧，我们不会单纯地听他倾诉。您还记得那个少年吧，他很想让他父亲听他倾诉，可他父亲不听，而是给他上千条建议和现成的解决方案。倾听，是相信对方有能力自己找到解决方案。陪伴一位病人、一位临终患者、一位服丧之人，就是要接受没有什么“可做”的，只要待在那里善意地守护着，让当事人深入自己痛苦的井中，探究痛苦带来的所有压力，同时以我们倾听和陪伴的态度为他提供一个机会，让他感到他不是孤单的，有人陪伴他。“对方不好受，我应该做点儿什么”的设定带来的压力往往如此之大，以至于我们无法在对方痛苦的时候只是在一旁陪伴。

我们可能常常被某种成就的自豪感所控制。我们会努力做“好事”，我们会成为那个说“好话”的人，而我们也因此很可能错过了交心的要点：自己对自己的信心以及对方对他自己的信心。

关心不等于负责

关心，是帮助对方经历他需要经历的，而不是阻止他这样做，也不是试图尽量减轻对方正在经历的痛苦（“这没那么严重，不要再想了，去散散心吧”），或者把这一痛苦揽到自己身上（“这是我的错，我本不该……，如果我是你，我会这样做或那样做”），进而使他忽略这一痛苦。关心，是帮助对方走进他的困境，深入他的痛苦，以便从中走出来，同时意识到这条路是属于他的，除他以外，没有任何人能替他走完。

关心，是把我们所有的注意力放在对方所具有的治愈他的痛苦或解决他的困境的能力上，而不是带给他一剂解药。关心，是相信对方如果能够自我倾听或在适当的场所得到倾听，他往往会掌握所有必要的资源来摆脱困境。这一切的前提是我们已经获得了这种自信和自尊。如果我们不相信我们自己的生存能力，我们又如何能相信对方的生存能力呢？

为对方负责的风险在于我们没有意识到我们负责的不是他，而是我们自己，是我们的“好人”圣贝尔纳和拯救者的形象，往往也是我们得到认可和对得起良心的需求。如果说有风险，那就是由于我们在为自己负责，但我们却以为我们在为对方负责。我们的态度将是不合适、不恰当的，它会使双方陷入沮丧、混乱或依赖。

我想到了薇薇安，一位48岁的家庭主妇，她负责解决她20岁的大学生女儿遇到的所有困难，因为她认为女儿还没有成熟到能自己应付困境，她“始终需要站在女儿身后”。

她去大学里整理女儿的宿舍，为女儿制订周末计划，替女儿了结一段难搞的恋爱关系。更有甚者，她加强了控制措施（外出、约会、出勤、周末活动、度假目的地），她的女儿越是要求收回权利、获得自由，她越是变本加厉地控制她——恶性循环！

一天，她女儿与一帮朋友去一栋租来的房子度假。回来时，这位母亲从女儿的朋友那里听说，是她女儿在负责打理整栋房子，管理预算，组织采买、三餐和时间表，禁止吸烟者在室内吸烟，总之，她一个人应付自如（不错地复制了熟悉的榜样）。我们研究了这一情况，结果发现这位母亲一直禁锢在“为女儿做力所能及的一切的好母亲”的形象中，以至于她无法相信女儿，无法想象即使女儿遇到困难，在人生的道路上些微划破了手或心灵受了点儿伤，她自己也有足够的本领摆脱困境。因此，只要她女儿表达出不高兴的感觉，比如“我很伤心、很沮丧、很担忧……”，薇薇安就会立刻跳出来解决问题，而不给她女儿丝毫陷入困境和真正深入困境以摆脱它的机会。

我和薇薇安一起探讨了她三方面的需求：① 自我认同的需求——“我能不能做我自己，而不是无所不为地做一个好母亲、好妻子，以至于筋疲力尽？如果我不再是一个好母亲，那么我是谁？”；② 情感安全感的需求——“我能不能因为我这个人而不是我所做的事而爱自己和被爱？”；③ 信任的需求——“我能不能相信即使我不控制一切，事情也会顺利？”。因为她自己有一个严苛的、控制型的母亲，她曾为了做一个好女儿而过度适应她的母亲，所以她没有机会成为她真正想成为的人。于是，在完全无意识的状态下，她也很难允许她女儿成为自己想成为的人。实际上，她女儿想要得到的自由对她而言太危险了：这种自由威胁她必须意识到她自己始终被禁锢在她的好女儿然后是好母亲的形象中，这个发现太痛苦，以至于她无法在毫无帮助的情况下自己做到。我们一起迎接了这一意识的苏醒，同时努力哀悼了这些年的禁锢，唤醒了崭新的生活。

为了使这位母亲能够真正面对她女儿本来的样子，她必须先亲自去和女儿交流。这条道路的美好就在于，薇薇安在找回自我的过程中，也默许了她女儿逐渐做回自己，而不是或多或少复制母亲的榜样！

由此可见，当我们倾向于把我们的感受依附于对方时，我们不懂得应为理解自己而倾听自己的心声；不懂得应掌控自己，变得既自主又有担当。我们往往非常依赖他人，听凭他人目光的摆布。

我们没有学会作为我们自己被爱，而是以他人期望的样子被爱

如果说我们已经学会符合他人的期望，学会了服从于他们的压力，那么我们几乎不可避免地会期望对方符合我们的期望，服从于我们的压力。因此，我们没有学习如何按照他人本来的样子去爱他们，而是按照我们期望中他们的样子去爱他们。

另外，如果一个人到处委曲求全，以符合她好女儿的形象，以此取悦她的父亲，那么她很有可能会期望自己的丈夫屈从于好丈夫的形象来取悦她，正如她自己屈从于好妻子和好母亲的形象以取悦他。如果我们阻止自己成为自己，那么我们就有可能，往往是无意识地，阻止对方成为他自己。

只有当我们能够真正成为自我，抛开角色、抛开标签、抛开压力，我们才能让对方真正成为他自己，抛开角色、抛开标签、抛开压力。

真正的交心发生在人与人之间，而不是角色与角色之间。

交心，首先要做自己。

这并不妨碍我们也有兴趣发展、成长，尤其是一起成长。夫妻、家庭、朋友、工作团队一起成长，肯定是一种对内心最有营养的满足的源泉。爱对方本人，也就是说我们对他感兴趣，我们接受他正在成为或可能成为的样子——这就是爱对方，包括爱他的成长、开放和多样化的全部潜力。我看到如此多的夫妻和家庭，他们中的每个人都各自封闭在自己的角色中，同时也因此停止或竭力限制个人和人际关系发展的一切过程。他们很快就习惯了麻木的状态。没有了尊重，爱又算什么？克里斯蒂安·博班这样表述了这种消耗和麻木：[1]

> 生命在被消耗，她的味道不再可爱，她磨耗着灵魂，摧毁着梦想。我无人言说。我不能向任何人倾诉我想离开这种生活，去过另一种生活。我不知道该怎么做，不知道该如何对您的亲人说：您的爱给了我生命，现在它正在让我死去；如何告诉那些爱您的人，他们并不爱您。

1　详见克里斯蒂安·博班，《空虚的至高无上》（*La souveraineté du vide*），Folio出版社，1995年。

于是，当一方想要改变，想要发展，想要重新审视他的存在方式时，另一方（或其他人）就会恐慌："你不再像以前一样了，你变了（言下之意是：这样行不通，你应该一如既往），你这样做不合情理，不要扔下我一个人。"

比起我的儿子，我更爱我为儿子制订的计划……

影片《死亡诗社》（*Le cercle poètes disparus*）很好地诠释了这一悲剧。父亲一心想让儿子成为工程师，但儿子在大学最后一学年，在学校社团里发现了自己在戏剧方面的才华。父亲（或许深信一个人不可能在完成工程师学业的同时演戏）禁止他继续准备年末戏剧演出。尽管如此，儿子仍在准备，并在演出中赢得了全校师生和家人雷鸣般的掌声，而他的父亲却狂怒地待在大厅里。

演出结束后，父亲没有对儿子的成功和才华道一声祝贺，也没有听在场观众对儿子的赞扬，而是野蛮地把儿子带回家，言辞激烈地训诫他的未来："你母亲和我，我们辛辛苦苦地给你挣学费，让你接受良好的教育，是为了让你成为工程师。"他的态度不容辩驳。儿子上楼回到自己的房间，用父亲的左轮手枪结束了自己的生命。

父亲更重视他的计划（虚拟的），而不是他儿子的现实。同时，他自以为做得对，自以为尽到了一个严厉而公正的好父亲的庄严责任。

父亲认为倾听儿子的心声就等于放弃了自己的责任，儿子认为倾听父亲的心声就等于放弃了自己的才华。父亲强迫，儿子逃跑。他们之间没有交心。他们失去了彼此，以悲剧收场。

我特别观察到，在夫妻生活中，很多人为对方制订了婚姻或夫妻生活方面的一个计划、一个观念或一个理论，而他们对此的重视更甚于对方！

如果一方想要发展，想要重新审视这个计划，想要修订这个理论，另一方的全部注意力往往不是放在对方的身上，不是在对方的发展中倾听他、理解他、爱他，更不用说想要对自己提出质疑了。在这种情况下，另一方的全部注意力都放在如何维护这个计划，如何做才能使对方接受这个基本观点，如何维持这个理论。

雅克琳娜51岁了。她一个人来咨询，完全不知所措，因为她丈夫在结婚25年后离开了她。她一上来就对我说，婚姻对她而言是神圣的，她不可能离婚。“我们结婚就是为了过一辈子。”她对我说。

几次面谈之后，看到她一再坚持这一观点，我尝试着与她一起识别出她在这个态度背后的需求：

“雅克琳娜，当您说‘对我来说婚姻是神圣的，我们不能离婚，我们结婚就是为了过一辈子（O）’时，您是否真的为您目前的分居状况感到悲伤和心碎（S），因为您想找回与对方默契又亲密的甜蜜回忆，找回沉浸在信任和真诚中的幸福以及在一起的快乐（B）？这是不是您感到悲伤的原因？”

她看着我，热泪盈眶，我任凭这种沉默流逝，过了好久，我又说：“我刚才说的话触动了您？”我想她会对我说：“是的，我就是因此流泪，我很想找回它们。”然而，她却对我说：“我很震惊，因为你所说的这些，我在25年的夫妻生活中从未感受过。我意识到我一直以来都活在一个框框里，而现在，我却费尽心力想让我丈夫回到这个框框里，而不是尝试理解他。”

的确，每一次她见到她的丈夫，两人之间都要爆发争吵：因为关系的破裂，她太过不安，以至于无法理解发生了什么。她越想用争论、谴责、愤怒、道德来拉回她的丈夫，他逃得越远。

一天，我建议她把我看作她的丈夫，她接受了。我对她说：

“雅克琳娜，我受够了我们的角色扮演游戏，受够了。戴了25年的面具，我再也无法忍受了（S）。我需要活在一种真实的关系中，在其中我可以做我自己，而不是那个‘做好一切应做的事的好丈夫’。我需要自由和信任，我厌倦了你控制一切、安排一切。只是我不知道该怎么对你说。我只学过隐藏我的感觉，待人和善，而我很久以来已经不堪重负了。现在我再也受不了了，我要走，但这不意味着我不爱你了。”

角色扮演结束后，我问：

“您对此有何反应？”

“这启发了我，真的。我看清楚了我们夫妻俩都在演戏。我想我曾经更爱我的共同生活计划，而不是我们的共同生活；更爱我为我丈夫制订的计划，而不是我丈夫。我现在看到了我这方面的责任，而我一直认为我丈夫应对我的不幸负全部责任。”

我与雅克琳娜一起研究了自我认同、自尊和安全感的需求：即使我没有了丈夫，我还能成为我自己吗？即使我的婚姻失败了，我还能感觉到自己的存在或自己在社会中的存在吗？即使我认为他不再爱我了，我还能爱自己吗？即使我的外部环境改变了，我还能感觉到我自己内心的安定吗？

雅克琳娜越相信她自己，而不是她所扮演的角色，她越能获得对她本人的尊重，而不是对她扮演的好妻子和好母亲的角色的尊重。随着她不断培养内心的安全感，而不是依赖于她的丈夫和家人的态度以及她的原则，当她再见到她丈夫时，两人的争吵越来越少，她丈夫也慢慢开始同她讲话，卸掉了自己的保护壳，进入了一种更真实的关系。当然，这是一项长期的工作，是一个痛苦的脱壳期，它意味着抛弃由习惯、陈词滥调、既定原则构成的旧皮肤，克服对变化和孤独的恐惧，小心翼翼地进入一个崭新的、真实的世界。

> 没什么能证明毛毛虫破茧成蝶时感到愉快。

差异性被视为一种威胁

我们的几乎全部用怀疑染过色的许多关系难道没有暗含着以下问题吗？——“如果我不按照你说的做，如果我不再符合你心目中的好男孩或好女孩的形象，如果我不再乖巧、友善、亲切，如果我与你期望的不一样，你还会爱我吗？”

我们害怕看到我们的差异性，我们避免或压抑我们的差异性。这样一来，我们也很难接受他人的差异性。面对他人的差异性，我们做了什么？我们回避它或拒绝它。我们在“他和我一样”和“他爱我”的尺度内容忍对方。为此，我们更多地与那些和我们想的一样、说的一样、穿的一样、信仰或祈祷的一样、做的事一样……的人交往。这令人放心！

他爱我还是他和我一样？

我们经常把对方的差异性视为一种风险、一种威胁：“如果对方是不同的，我可能必须去改变，去适应，变成他期望我成为的样子，不再做我自己。”这种内心的不安可能很强烈，以至于它外化为种族主义、完美主义、反犹太主义或同性恋恐惧症，但它更常表现为评判、批评、指责、怀疑。差异性唤起的不是善意的好奇心，而是怀疑和不信任：“这些人跟我们不一样！”

最常见的感觉：恐惧！

如果我们学会了为取悦于人而做事，那么我们永远不可能完全保证做“恰当的事”，既不会在适当的时候，甚至也不会在他人感觉适当的尺度内。我们可能大部分时间都活在对他人的反对、批评或无动于衷的恐惧中，活在对他人的反应的不信任和对我们的素质或能力的怀疑中。因此，不信任和怀疑往往被视为生活原则和正常的运行模式。

对方总是或多或少地被视为一个审判官，他的批准或反对影响着我们的幸福。我们因此总是或多或少地担心自己因“做得不够”而配不上对方的目光或不足以收买对方的仁慈。我们活在一些“商业关系”中（买进认可，卖出真实），而不是真正的人与人之间的关系。马歇尔·卢森堡在《非暴力沟通》中阐述了这个问题：“由于习惯了一种以收买、赢取和配得上为传统交换模式的文化，我们常常在简单的给予和得到时感觉不自在。”

正如我在第三章开篇给出的那幅人类沟通的表达和接收的图中提到的，我们大部分时间都在怀疑区内煎熬：我们害怕得到我们的位置，害怕真实地存在，害怕肯定我们的身份，因为我们不确定我们是否会因为自己的本来面目而被喜欢和接纳；反之，我们害怕对方得到他的位置、真实地存在、肯定他的身份，因为我们不确定在这之后我们是否能够继续在他面前存在！对方，即使亲近如配偶，也总是或多或少地被视为一个妨碍者——我不敢说他是一个敌人，尽管我时常听到这样的比喻：某人妨碍我们去做自己。

我时常遭到以下质问：“您相信人可以做自己，但我有丈夫、孩子、老板、父母……所有这一切都妨碍我去做自己！”

可并非如此，不是“所有这一切”妨碍了我们去做自己。妨碍我们做自己的，是我们看待“所有这一切”、经历这些关系的方式。妨碍我们做自己的，是我们内心的安全感和信任的需求还没有得到必要的关注，从而没有发展壮大，使我们能够更加自如地经历“所有这一切”。我不认为我们能够根除恐惧。恐惧和信任，以及痛苦和欢乐，都是我们生命的一部分。能够解放我们的，是我们不再因恐惧而害怕的心态。

停止做老好人，做真实的自己！

在某一天的培训中，这个句子浮现在我脑海中。当时我正在与一位女学员总结一个角色扮演游戏，她刚刚意识到，她的暴力常常源于她为了做老好人而掩盖自己的真实感觉和需求时所感受到的沮丧。由于做老好人，她最终爆发了。

当时，我有点儿心血来潮地提议：“停止做老好人，做真实的自己。”另一位女学员立即对这句话做出了回应：“你刚才说的话启发了我，这恰恰是我和我丈夫常常经历的。我酷爱看戏剧和歌剧，我在剧院能见到一些女性朋友，我的心随着剧情和感情起伏，我总是会流下眼泪，我喜欢在幕间休息时闲聊。而我丈夫，他讨厌这些；他不耐烦，高声评论演员们的表演，没有丝毫感动，在座位上翻来覆去地叹气。于是我很紧张，这糟蹋了我的夜场戏剧，我们在幕间休息时、在回家的汽车上互相斥责。可每次当我要预订一张戏票时，他又担心我赶不上最后一班地铁或者打不到车，于是，为了做老好人，他要陪我去。而我，为了做老好人——既然他这么友善——就接受了！于是我俩又度过了一个地狱般的晚上。如果我下次做真实的自己并这样对他说，或许会更好：'你为我今晚能否顺利回家而担心，我很感动（S），因为我愿意感到你重视我的安全和我的舒适（B），与此同时，我不确定（S）你陪我去会真的开心（B）。因为我需要咱俩都度过一个美好的晚上（B），尤其是我能够享受我的戏剧，而不用担心你是否开心（B），我建议你去做你自己真正喜欢的事，我会自己想办法回来的（D）。你觉得这样安排怎么样？'"

这位女学员非常高兴自己跨过了一直深陷其中的地狱般的陷阱，最终摘下了她的面具！

摘下面具！

如果我们戴着面具，而对方也戴着面具，那么我们彼此间存在的则不是一种关系，而是一场假面舞会！如果这很滑稽，而且大家都开心地戴着面具做游戏，那么我看到的只是一个享受快乐的机会！不幸的是，经验表明这些假面舞会是凄凉的：它们不是把人们聚在一起，而是把人们隔开；它们没有让人们做美梦，而是让人们辗转反侧；它们没有终结于绽放的烟花，而是蜷缩在忧伤的表皮下！

至于殷勤，望文生义，我在这里谈到的是讨好式的殷勤——一种态度上的殷勤，则没有被真正的心灵冲动承载，没有发自内心深处的为他人的幸福而快乐给予和奉献的兴趣，而是被害怕失去、害怕拒绝、害怕批评、害怕承担的恐惧感所驱动。这种殷勤往往是一副干枯的面具，它扼杀了真实的声音，吸干了生命的波涛。

> 礼貌，是精心策划的冷漠。
>
> ——保罗·瓦勒里（Paul Valéry）

在这副彬彬有礼的殷勤的干枯面具后面，我们可能习惯于经历一些贫血的、无菌的关系，而我们很可能把它们当作真正的人际关系。同样，如果我们永远只喝可口可乐，我们可能一辈子都不会想象我们需要去尝一尝葡萄酒。

作为律师和后来的企业顾问，在15年多的时间里，我非常熟悉这些生意人或同事之间的办公室礼节：微笑，通过语调、表情甚至幽默来表达的热情。这些举动实际上掩盖了一种内心的冷漠，以及只关心达成生意或和平共处的心态。某些人可能对所有人都和蔼可亲，却根本不知道他们自己究竟是谁！正如我在前面提到的，马歇尔·卢森堡用“一个友善的死人”来指称这种人！他们没有自我认同，没有存在感，没有生命。

在短时间内，做老好人往往比做真实的自己更容易。儿时，我们把自己的愤怒或悲伤装在口袋里，以便重新融入家庭圈子，我们无意识地发现，做老好人比做真实的自己更容易。于是我们学会了背叛自己，而从长远看，这个代价是沉重的！找回自我需要时间和精力。唉！如果我们没有弄丢自己该多好。幸运的是，尽管我们养成了这个习惯，我们也能够摆脱这种习惯；尽管我们以这种方式“被编程”，我们也能解开这个程序，找回我们真实的本性，找回我们的角色面具下真实的自己。在上文引用保罗·瓦勒里的话时，我当然不是想鞭挞发自内心的礼貌。因为，教养和礼貌也是生活的乐趣之一。

> 不要混淆什么是自然的、什么是习惯的。
>
> ——甘地（Gandhi）

我时常在研讨会或研修班上听到这种反应：“是的，但是这样谈论感觉和需求不自然。”我认为，这是不习惯造成的，而实际上，这对我们而言是自然的。

一个孩子会说：“我生气了（S），因为我想去和我的朋友们玩（B），我伤心了（S），因为我想和你待在一起（B）。”正是社会生活教会了他去做或不做这些事，“因为应该做，因为到时间了，因为这很正常，因为这是计划”。

如果我在这里所指的殷勤态度不一定是好的，那么应该看到，真正的好意不一定是亲切的。从个人角度而言，我更喜欢清楚的事实，而非不可靠的假面舞会。为了做老好人，夫妻间，以及在家庭中、职场上有多少谎言啊！为了没有麻烦地抽身事外或免受处罚，谁又没有编造过虚假的故事呢？

谎言？是的，为了做老好人！

就像这样，真相是可以灵活掌握的，我们可以为了自己舒服或者为了使对方舒服而篡改真相，不计后果……

我担心从我们作为地球居民的整体责任上讲，这种态度与那些口口声声地分享着环保理念，却毫不犹豫、不假思索地把烟头或啤酒瓶从车窗扔出去的人的态度相比，同样不负责任、危险且长期具有污染性。

我对人类本性的信任还没有达到声称任何真相都可以随时向任何人说出的地步。当然没有！或许在某些情况下，什么也不说才会满足耐心、慢慢来的需求，满足等待合适时机的需求，满足思考、善意或确认的需求……

我说的是，如果我选择说点儿什么，而不是什么也不说，那说明我需要为尊重真相做点儿贡献，而不是为了迎合他人去歪曲真相。实际上，我常常扪心自问："我想使这个世界更混乱吗？"天体物理学家于贝尔·雷弗（Hubert Reeves）说过，世界的污染，这不是一个大问题，而是70亿个小问题。由此，我觉得世界的混淆、混乱、无序，这不是一个大问题，而是70亿个小问题。我们每个人在每天的日常生活中都有选择的权利：是否为光明、透明、和平做出贡献。不可思议，不是吗？

我们终究会意识到，与一些老好人打交道，也就是说，与那些因为害怕做错事、给人留下坏印象、变得脆弱、表现出他们的脆弱性和（或）力量而不敢说出自己真实想法的人打交道，是令人非常不安的。为了使自己在关系中感到自在，我们需要确定，如果对方说"是"，那就是是，如果对方说"不"，那就是不。如果我们必须不停地想象对方的真实动机是什么，因为我们不相信它可能是真实的，那么这会使我们精疲力竭，也会使我们担心遭到反击。比如，某人在帮您的时候保证他很高兴这样做，而实际上他讨厌这样做，之后他抱怨他为您所做的一切：或者他几乎没有得到感谢，或者您没有反过来帮助他……这种情形是多么令人厌倦啊！

瓦莱丽和我在结婚时就互相做出了这种承诺，它与新婚夫妻传统的"永不"和"始终"的承诺相比可能是不同的或不合惯例的，但对于我们二人生活的安全和舒适而言却是基本的：

“我向你保证永远不对你客气，始终做真实的自己。”于是，当我们怀疑对方的动机时，当我们担心对方因为“客气”而做了某事时，我们会互相拆穿：“你是客气还是真的？”这使我们在开玩笑的同时给了自己一个机会去调整我们要做的事和我们做这些事的动机，从而使任何一方都不会出于责任或“因为应该做”“因为没有其他人去做”而去做任何事，而是出于给予和为共同生活的幸福做贡献的兴趣去做。

我在这里所说的，在我看来是一个众所周知却极少实践的情感生态原则：如果我们想经历一些持久但不令人满意的关系或一些令人满意却不持久的关系，我们会对真相和真实性视而不见。但我认为，如果不关注这两个价值或这两个需求——真相和真实性，我们就不会建立起持久而令人满意的关系。当然，这并不简单，因为在短时间内，实事求是往往令人不自在，这需要警惕性和练习，从而获得表达自己的力量和接纳对方的宽容。

如何说“不”？

我在工作中观察到，如此多的人难以说“不”的一个常见原因是：没人请我们说“不”，没人请我们与众不同并自在地感受这种不同。正如我在上文中提到的，我们更多地被引导去“做同样的事”“重复做同样的事”，与爸爸、妈妈、老师、习惯、宗教习俗、社会阶层或职业环境达成一致：“有礼貌的人说‘是’；一个乖巧的小女孩儿、一个通情达理的男孩说‘是’；说‘不’可不好。”

于是，一方面由于差异性（观点、性格、态度、优先权、敏感性等方面）被视为一种威胁；另一方面由于“服从”很久以来都被推崇为一种道德品质，我们往往不仅很难说“不”，甚至很难察觉到我们表露出些许不赞成的迹象。

与影响了一代又一代人的教育模式的观点相反，服从很少会创造出负责任的人，通常创造出的是一些机器人。这种服从的态度再一次表达了我们对他人自我负责能力的不信任和怀疑，以及在与他人沟通和理解他人方面的无能。由于我们无法满足自己的需求，无法让对方尊重我们的需求，所以我们将自己的需求不加商量地强加给对方，等着他自己来满足它！

习惯性地服从还是负责任地赞同？

“为了做老好人”，我们常说“是”，而我们想的却是“不”。这样做大多数时候是为了避免冲突：“如果我挑起了冲突，他们还会爱我吗？如果我不同意，我还会一直可爱吗……”我们抑或出于叛逆或害怕丧失自我而始终说“不”，因为这是我们找到的保护我们自我认同、安全感或被认可的需求的唯一方式：“我反对，故我在。”

学会说“不”是我特别重视的一个阶段，因为它引导我们必须去研究我心中坚守的四个价值：

◎ 尊重对方的感觉和需求，就像尊重我们自己的；

◎ 必要的自主性，以便花时间去确认我的感受和我想做的事；

◎ 倾听不同问题和尝试关注所有相关需求的责任感，不只是为了对方的需求而损害我的需求，也不是为了我的需求而损害对方的需求；

◎ 表达我的反对意见并建议一种可能与别人对我的要求完全不同的解决方案或态度的力量。

现在我们知道在任何请求背后都有一个需求，我们还知道我们常常混淆二者。因此我们要去关注位于对方请求上游的需求，以便澄清真正的问题所在。以下是一个简单又常见的例子：

我的老同学热尔梅娜给我留了三条信息，邀请我去参加一次户外烧烤聚会，我还没有答复她。我很喜欢热尔梅娜，因此我很高兴能再见到她，但同时，我不想去参加她的烧烤聚会。我的确需要休息一下，找回自己。以前，为了不使她失望（也为了做老好人），我可能会说“好的，当然”，然后我会拖着灌了铅一般的双腿去那里，而把我自己的一半留在家里，并可能发牢骚和到处挑刺：客人很烦，肉烤得太老，红葡萄酒太温，等等。当我们的行为违背我们的需求时，某个人会为此付出代价：我们自己或别人。我也可能会编造一个故事，以便置身事外："我没有空，我要工作。"为了做老好人，我会撒谎！

当热尔梅娜第四次打来电话时，我在家并接了电话：

"你这个无情无义的老家伙，你怎么不回我的留言？"

"你失望了（S），你一定希望我早点儿表态吧（B）？"

"是的，先生永远不在，先生忘了老同学们了。"

"你生气了（S），热尔梅娜？你想确定我没有忘记你（B）？"

"当然了，如果不是我时不时地邀请你，我们永远也见不着面！"

"你想感觉到我也在为我们的友谊做出贡献，我心里有你的位置（B）？"

"是这样！这就是为什么我希望你来我的烧烤聚会。你今晚有空吗？"

"的确，我今晚有空，热尔梅娜，但我很矛盾（S）。我很感动于你的坚持（S），我也的确想花点儿时间和你见面（B），与此同时，我这周筋疲力尽，见面和会谈排得满满的（S）。我的确需要一个周末独自待着，恢复精神，这是我经历了好几周的培训之后第一个自由的周末（B）。"

"我明白了，你抛弃我了！"

"等我把话说完。如果我去参加你的烧烤聚会，我们的见面不会像我想要的那样。你知道那会怎样——我们和所有人说话，实际却没和任何人说话。而我的确想要单独跟你待会儿，想知道你现在是什么样子（B）。不如咱俩下周找个中午见一面，一起去吃个沙拉、聊一聊，你觉得怎样（D）？"

"你有这个时间吗？你总是那么忙，我永远想象不到你有时间和我吃午饭。正因如此，我才请你来烧烤聚会。我当然没问题，我也更愿意找个时间咱俩单独聊聊。"

这是一个简单的例子：在这种情况下，应当找到请求（邀请我参加烧烤聚会）背后真正的需求（维护我们的友谊），看到我们在同一时刻分享了同样的需求，而且我们能够以另一种简单而令人愉快的方式（二人午餐）满足它。

在双方根本没有同样的需求，也没有同样的感觉的情况下，如果我们计划把我们的时间和精力用于另外的安排，而不是对方建议我们做的事，可能就要困难得多，也令人不快得多！

在"不"的背后，我们想对什么说"是"？

正是通过在简单的情况下练习后，我们才能在比较困难的情况下同样说"不"……当我们以我们的方式获得了感受我们对自信、内心安全感、被认可和自我认同的需求的力量和宽容之后，我们会更容易说"不"，并在尊重对方的同时设置自己的底线。实际上，在努力了解我们自己的同时，我们也越来越明白我们该对什么说“是”。

这会使我们更加自在地以建设性和创造性的方式说“不”，或者听到对方说“不”而不会因此与他作对。与其在反对的立场上直接说“不”，我们不如把注意力和精力放在我们该对什么说“是”上。以下几个例子为我们指出了我们想对什么说“是”：

“不，我不希望你现在听音乐。”我们可能想说：“是的，我需要安静，希望你过一会儿再听音乐或到别的地方去听。”

“不，你这个年纪不能去夜店。”我们可能想说：“是的，我需要相信，无论你和什么人在一起，你都能够感觉自在和安全，我希望逐渐对你建立这种信任，同时建议你先去我认识的人家里玩，然后咱们一起讨论适合你的方式。”

“不，你不要再开车了。”我们可能想说：“是的，我需要确保你意识到了危险，我希望你反省几天，咱们再谈一谈，然后计划让你重新碰方向盘的事。”

在培养我们对什么说“是”的意识的同时，我们也在培养他人对什么说“是”的意识。这种心灵的开放是很宝贵的，可以避免因对方拒绝而与之作对的令人讨厌的习惯。因为如果我们出于害怕被拒绝而很难说“不”，那么我们可能同样出于害怕被拒绝而很难听到别人说“不”：“他对我说‘不’，所以他不喜欢我……”

正是这同样的安全感，使我们能够在听到“不”的时候，不去怀疑，不丧失信心，进而去倾听对方的态度背后的感受和需求，去理解他在对什么说“是”。那个在出发去上学的时间还在浴室里梳头的小女孩儿的例子表达了一种“不”：“不，我不会和大家一起下楼，我不会主动上车。”我们看到，如果那位母亲有足够的安全感来倾听她的小女儿的“不”，她最终就能听到：“是的，我还需要一个能够使小女儿确认自己身份的特别的温柔示意。”而因此找到的解决方案要比每天早上争吵更有建设性，更令人满意！

我害怕冲突

在害怕冲突的背后，几乎总是隐藏着对情感安全感的需求。正如前面已经提到的，那个暗含的问题又来了：“如果我挑起了冲突，我还能被爱吗？如果我不同意，我还会可爱吗？”我发现，对于抱有这种担心的人（这样的人为数众多）来说，冲突很少被视为一种能够丰富各方的经历、了解自己并让我们更加尊重彼此的令人满意的机会……它更多地给人一种很难控制、很难消化的印象，使人产生紧张的情绪和挫败感，以及一种苦涩、混乱的感觉。我们曾经演出过“谁错了，谁对了”的戏码，从而决定“这是谁的错”，但所有这一切在实践中从未表现得令人满意。

系统科学教给我们，任何系统首先都倾向于自我延续、自我维持。这是恒定法则。在一个诸如家庭、夫妻或含有许多其他关系的系统中，差异性和分歧令人害怕，因为它们代表着危害系统和使系统变得不稳定的风险。面对这种恐惧，人们常常趋向于试图紧急恢复一致性，要么通过控制，要么通过服从。于是，我们为了找回家庭、夫妻或与其他人的相互影响，或者说我们的系统的恒定性，我们强加我们的解决方案，约束所有人同意我们的想法，或者我们不加讨论地立即服从。这是逃避或者侵犯，而不是交流。

然而，冲突往往是一个发展的机会。它可以使我们发展我们的内心安全感、我们的自主性和我们的倾听与同情的能力。它引导我们更多地与自己交流、与对方交流，也就是说同时发展内心的力量和宽容。它是共同成长和启发创造性的机会。我认为，在对冲突的恐惧中，仍然反映出对他人认可的无望的追求。如果我们不给自己一个适度的、公正的评价，我们很可能会在无望地追求他人的过度赏识中虚度一生。

如何承受愤怒？

我注意到有两个原因使我们的愤怒难以承受，无论是表达它，还是理解它。第一个原因与我们对说“不”的犹豫的原因性质相同：害怕被拒绝。我们已经听到足够多的“当你生气的时候，我不喜欢你”这类话，从而认为在社会交往中，生气是不受欢迎的。因此，我们自己的愤怒被视为一种威胁：“如果我表现出我的愤怒，我还会被爱吗？”而对方的愤怒也具有威胁性：“如果他对我生气，我还可爱吗？”使我们压抑自己的愤怒或者躲避对方的愤怒的第二个原因是某些愤怒导致的悲剧：侮辱、殴打、犯罪……在世界各地，愤怒在以悲剧性的方式爆发，而因为这些后果是破坏性的，我们就以为愤怒本身是破坏性的。实际上，我们始终混淆了愤怒的感觉和我们每个人在这种感觉下所做的事。

尽管它的影响是悲剧性的，但愤怒本身是一种有益健康的感觉，因为它表现了我们自己内心一种强大的生命力。如果我们的感觉是我们仪表盘上闪烁的指示灯，那么愤怒就是闪着蓝光的紧急指示灯。它说明某些生死攸关的需求未被满足，我们急需放下手里的一切事情去关注它们，因为驾驶员已不在车上。“我不在状态”这个相关的表达方式清楚地说明首要的事情是找回“我自己”。于是，愤怒引导我们“密切注意”倾听我们自己，同情我们自己。

埋藏一次愤怒，就是埋藏一颗地雷

当我们在报上读到一个疯狂的杀手掏出一把防暴枪在人

群中扫射，或者杀了他的妻子和孩子们然后自杀，而同一楼层的邻居却往往肯定这位先生平素和蔼可亲，从不说话，非常安静……我们由此可以想象是这位先生被压抑许久的愤怒一下子爆发了，因为这种情绪没有机会时不时地表达出来。

实际上，如果我们从儿时起就一次接一次地埋藏了我们的愤怒，如果我们从三四十岁起就小心翼翼地伪装、隐藏了我们的愤怒，这就好像我们已经一颗接一颗、一颗挨一颗地埋藏了许多地雷，从外部看，一个美丽的地方被维护得很好，而它的内部，就是一个雷场！我们坐在一个雷场上，它迟早会爆炸！往往只需要一个微不足道的矛盾，一次对自己的轻微的沮丧，就像一片羽毛落在最后一个没有埋好的地雷的引信上，整个雷场一下子就爆炸了！被压抑了40年的愤怒在我们面前爆炸了！一滴水会使整罐水溢出。

如果不是因为我们没有注意定期倒空罐子，一滴水又怎么会使整罐水溢出呢？如果不是因为我们没有注意定期平息我们的愤怒，我们又怎么会在一次愤怒中爆发，从而引发极端的后果呢？

应对我们的罐子溢出水来负责的不是别人，而是我们自己：每个人应为没有注意定期倒空自己的罐子负责。的确，定期倒空我们的罐子意味着我们应该做真实的自己，而不是做老好人！

那么，如何真实地说出我们的愤怒，又不侵犯到对方？如何既做真实的自己，又不显得咄咄逼人呢？

通常，愤怒的责任被归咎于对方：“我生气是因为你……”在这种精神状态下，我们倾向于压抑着不爆发，或者直接当着对方的面爆发，把对方当作愤怒引发的压力的出口。而对方会把愤怒的程度看得远远超出实际情况，因为同情心同时引爆了多颗地雷！

这种迁怒于人的表达愤怒的方式要么会引起对方的愤怒，就像打乒乓球，每个人都把球推挡回来，这通常会导致暴力的螺旋线；要么会导致逃避：对方逃跑了，或者将自己封闭起来，以沉默、赌气、无声的反抗、冷战的方式告终。

我们常有这样的经历，而这种表达愤怒的典型方式并不能令人满意。我们对此唯一满意的一点是我们爆发了、释放了愤怒引发的过满的压力，把“我们的四个真相”[1]告诉了对方。然而，难道只有通过愤怒、借口愤怒才能讲真话吗？为什么在温和、善意中真心交流如此之难？我们在表达愤怒方面有如此大的障碍，以至于我们需要愤怒的能量才能说出使我们沸腾的原因吗？这一切很奇怪，不是吗？

关注我们的愤怒

当我们以非暴力沟通的方式研究愤怒时，一方面我们要

1 即“智力空间”的四个特点，详见本书第4页。

培养我们自己的责任感，另一方面我们要确保对话者在倾听我们，为此，我们要找回我们自己，停止不在状态！你需要经历以下五个阶段：

第一阶段就是闭上我们的嘴巴：首先闭嘴，而不是爆发。这不是为了压制我们的愤怒，驱逐它或使它升华，而恰恰是为了给予它全部的力量。我们知道，如果我们当着对方的面爆发，那么对方将不再是一个倾听我们和试图理解我们的沮丧心情的对话者，而是一个准备反抗的叛逆者，一个准备挑衅的被侵犯者，或是一个已经逃跑了的逃兵！然而，如果我们生气了，那么我们的需求是什么？是需要对方听懂我们，理解我们的沮丧和我们未满足的需求有多么严重。为了让对方听懂我们，我们明白，我们首先应该好好地倾听自己。

第二阶段是从内心接纳我们的全部愤怒，接受它的多样性而不讨价还价。我看到——而且我自己也曾经历过，对于我们中的许多人，愤怒是一个如此大的禁忌，我们甚至很难想象自己是愤怒的。我们会说我们伤心、失望或担忧，借此表达一种在社交上正确的感觉，而不是任凭我们有意识地被愤怒控制。

因此，第二阶段在我看来是基本的，即承认我们是愤怒的，在怒火中看到并接受我们脑海中闪过的所有影像和幻觉，接受我们想到的暴力形象：把对方从窗户扔出去，把他大卸八块，用我们的汽车把他碾碎，拿出我们的旧步枪……

从内心接受这些暴力影像有一种把一摞盘子扔在地上或把椅子摔碎在墙上的效果：它减轻了愤怒，成为愤怒引发的妨碍我们倾听自己过满的能量的排泄口。正是因为这些影像和投影释放了情感，使我们的心绪平静了一些，我们才能尝试深入我们内心的井中。这一阶段也很难，因为它严重损害了我们希望自己保持的好男孩或好女孩的形象："我，一个如此友善的男孩（或一个如此礼貌的女孩），想象一下我想要把对方的脑袋撞碎在墙上，算了吧，这种暴力是为别人准备的，不适合我！"为了能够摆脱愤怒和暴力，我们应该能够直视它们并看清楚它们。

第三阶段是识别那个或那些未满足的需求。在上一阶段，压力已经释放了一点儿，我们更加能够倾听自己的感受，而不是把责任推卸给对方。我们将能够说出我们看到的那些首要需求。

第四阶段是识别新的感觉，使它们能够表现出来。因为，正如前面所说，如果说愤怒有时候被一些从社交角度看更加正确的感觉所掩盖，那么我们不难发现，它也能够掩盖其他感觉，对于这些感觉，愤怒也有点儿像一个盖子。这些感觉往往是对某种重复出现的情况的厌倦、悲伤和恐惧。这些更具体的感觉反过来又向我们指出了我们的需求，使得我们可以清点或查看愤怒暴露的所有问题，比如：厌倦可能表现了我们对变化、发展的需求；悲伤可能表现了我们对理解、倾听和支持的需求；恐惧可能表现了我们对感情或物质安全感的需求。

最后，我们可以进入第五阶段：开口，以对方现在更可能理解的方式向他说出我们的愤怒。在现实中，在对方在场的情况下迅速倾听自己的内心，有时并不容易。因此或许可以说："我太生气了，以至于现在不能以一种令人满意的方式和你交谈以及听你说话。我首先需要倾听和理解我的愤怒。我晚一点儿再跟你谈。"如果压力太强，以至于您还是当着对方的面爆发了，那么什么也不能阻止您照样扪心自问地研究您的愤怒，并回到对方身边，对他说您很抱歉以那样的话语和声调向他表达了您的沮丧（S），您想找到一种更合适的方式使他了解您不想做的事和您想做的事（B），最终您希望知道他是否愿意现在就通过这个练习来理解您（D）。

不要让愤怒在您心中或在您和对方之间发霉。应该花点儿时间清空它，否则它迟早会使任何关系恶化。记得吧，如果我们想要我们的关系既持久又令人满意，那么我们应该维护我们的关系。许多人被他们不想看到的怒火控制着。他们的全部精力往往无意识地被调动起来抑制这股怒火，所以他们没能真正接受亲密、温柔和既持久又令人满意的关系的感受，以及内心的和平与创造力。他们的生命的冲动被阻止了，只有在他们自己身上下功夫，才能扫清路上的障碍。

另外，在倾听对方的愤怒方面，我们常常会做出以下反应：侵犯或逃避。我们很少有必要的耐心和安全感去倾听对方的愤怒并给予我们的同情，而这是因为我们倾向于认为对方的态度是反对我们的："他/她生气了，所以他/她不再爱我了，所以我不可爱了。"为了免遭此风险，我们往往选择侵犯或逃避。但这种反应的结果并不令人满意。最好的情况是我们自己也在愤怒中爆发了，这缓解了控制着我们的压力；最差的情况是我们双方都进入了可怕的暴力螺旋线。至于逃避，不用说，如果它给我们一种及时脱身的印象，那么它也一点儿不令人满意。

我们现在明白了，不舒服的感觉表达了未满足的需求。愤怒，原则上是一种需要经历的不舒服的感觉，因此如果我们看到对方的愤怒，我们可以不把我们的注意力放在他的态度、用词、声调和姿势上，而是放在他未满足的需求上，我们可以尝试着把它们说出来："你生气是不是因为你本想得到更多的尊重、重视、倾听、支持、信任……"也有可能我们没有猜中那个未满足的需求。然而，我们没有为自己辩解，没有反过来侵犯他或逃跑，我们待在那里倾听他的心声……这一切，对方原则上不会看不到。这种态度不寻常，因此使人感到惊讶，往往从第一次交流起，声调就降下来了。对方回答："是的，是这样，我本来的确希望你……"或者："不，不是这样的，我希望你……"这样，慢慢地，我们就可以跳起交心的舞蹈了。再次说明，承认对方的需求并不意味着我们接受它，也不意味着我们想满足它，但至少我们在一起尝试了彼此交心。

▌尝试解决我们的冲突比成功地使它们恶化更令人愉快。

我没有说这很简单，我是说这是可行的。我没有说这永远奏效，我是说这值得一试！为什么？因为尝试解决我们的冲突比成功地使它们恶化更令人愉快，而且我们在看到我们各自的责任的同时真心地交流，要比我们无望地辩护自己没错或同样无望地争辩自己有理更加令人愉快。您知道，有些人宁愿付出一切代价证明自己有理，也不愿愉快地接受两种观点的共存！

我希望我们所有人都能够满怀力量和善意地说出和倾听愤怒，从而有一天，不再有任何人踩爆一片雷场。

第六章

我们互相了解，分享我们的价值观

Nous renseigner mutuellement et partager nos valeurs

他们没有对我说“来吧”，
他们对我说“你想去哪儿就去哪儿”。
——威廉·舍勒（William Sheller）

在研讨会上，几乎无一例外地会有人提出这个问题：“像这样自我倾听非常棒，但仍然需要加以限制！”当然，我们需要方位标，我们需要清楚地了解我们与物、与人及与事件的相对位置。难道因此就需要强迫、需要约束吗？

应该，你必须，就是这样，你别无选择……

这些就是我在第一章中提到的推卸责任的语言，是引发暴力的智力功能的四大习惯之一。这种语言——尤其是它所表现的意识水平——不允许自由，也没有告知意义。更糟的是，这种语言麻痹了意识和责任心。

几年前，南非发起了一场对种族隔离时期的刽子手和刑讯者的赦免运动。我在一份英文报纸上读到了一篇对多个刑讯者的采访文章，人们建议他们通过揭露自己的行为来换取赦免。他们中的一个人是位父亲，是他那个时代的音乐家，记者问他怎么可能在他所供职的监狱里折磨别人一整天，然后晚上回到家跟他的女儿们玩耍或在钢琴前即兴创作，他回答道："这是我的工作！他们付钱让我那么做！我不得不做。"报纸从我的手里滑落到地上！职责和服从的阳奉阴违有可能使这个人变成一台刑讯逼供的机器，没有意识也没有灵魂吗？一些纳粹罪犯被问到他们的动机时也给出了同样的答案。——同样的意识和心灵的麻痹，同样的行尸走肉。

我觉得在我们的日常生活中，我们的行为影响还没有这么悲剧。但有时候我们会机械地行动，或期待别人机械地行动，没有生命，没有灵魂，没有异议："应该成功，你必须工作，应该去上学，应该倒垃圾，我必须自食其力，在这种情况下，我别无选择……"

从约束到自由：是应该，还是我想？

在马歇尔·卢森堡主持的第一次非暴力沟通培训课上，他引入了下面这个问题："现在我建议你们看看如何走出奴役，如何摆脱'应该，我必须，我别无选择……'"然后他问我们，我们中是否有人认为有些事无论我们想不想做，都应该去做。

我毫不犹豫地做出了反应：

“显然生活中有些事无论我们想不想做，都应该去做。”

“你能举出一件你认为像这样必须去做的事吗？”

“嗯，好的！我必须工作。我别无选择，就是这样！我只有通过工作才能赚钱，而为了独立生活，应该早起！”

“当你说‘我只有通过工作才能赚钱，为了生活必须早起（O）’时，你感觉如何（S）？”

“嗯，我感到厌倦，而且担心！”

“那你的需求（B）呢？”

“我厌倦是因为我希望能够更有创造性、更无私地利用我的时间，我担心是因为我需要物质安全感。是的，我需要感觉自己是安全的，也需要知道我能够支付我的房租，因为我不想再住在学生宿舍里；需要知道我能独立支付补充养老金，因为我不想在65岁的时候饿死；需要知道我能买得起车，因为我不想去哪儿都要步行或坐火车；需要知道我能负担得起偶尔的度假、一次旅行、和朋友们的一次聚会或一次培训。”

“当你意识到你工作是因为它能使你住在比学生宿舍更舒适的公寓里，保证你有养老金，有车开，能去度假或接受培训时，你感觉如何？”

“我非常惊讶。我从没像这样看待事情。的确，我每天早晨选择穿上西装、打上领带，去上班。没有人阻止我去蒙古或火地群岛度过我的余生，除非我自己。我选择了某种舒适的生活，一定程度地融入社会和家庭，以及能使自己解脱的某种自由。正巧，我没有那么渴望一无所有地待在蒙古或在火地群岛上漂泊不定。与此同时，我意识到我迫切需要改变职业方向，我很满意地发现，在这次培训之后，我要为之努力了。”

自从我搞清楚了我的所有“应该”的问题，即一方面是我的物质安全感的需求，另一方面是我换一份更令人满意的工作的需求，我明白了我可以避开使我僵化的一分为二法的陷阱：要么待在安全感里死于乏味，要么改变并死于恐惧。于是我尝试了从容的、循序渐进的转变。逐渐地，我减少了从事法律顾问的时间，增加了我在人际关系方面的活动。约束（“我必须自食其力”）变成了一种支持：“正是因为这份工作，我才能安全地改变职业生涯！”在做出转变的这些年里，我所付出的精力完全不同，因为我追求的价值观（或需求）是明确的。

自由比约束更让人害怕

我强烈建议用意识的筛子过一遍所有的“应该，我必须，我别无选择”，从而准确地检验它们服务于哪些价值观。这可以帮助我们做出选择。我们常常忍受着“应该……”之类的从未更新过的陈词滥调。如果在“应该”的背后没有一个“我其实想”，就说明它已经过时了，这更像是自动反射，而不是负责任的意识。

这种筛选会带来重大的变化。因此，我有一些朋友，在剔除了他们所有的“应该，我必须”之后，抛下了一切：工作、房子、习惯，驾着马车带着孩子去周游法国了。不上学了？在马车上学，在灯笼下学。生活来源呢？沿途找点儿零活儿干——需求也缩减了。孩子们回来后还能融入社会吗？我们活在当下，活在信心里。

在一个聚集了几个家庭的父母和孩子的研讨班上，一位做教师的母亲向我提问：

“可是，托马斯，生活中仍然有些事，不管你愿不愿意，都应该去做！”

“你能给我举出一件吗？”

“当然。作为母亲，我每天晚上必须做饭。我别无选择。”

“当你这么说时，你感觉如何，你的需求是什么？”

“我感到筋疲力尽，因为我很想松松缰绳，哪怕每周只有一天，从学校一回家就上楼去好好泡个澡。”

“所以，你感到筋疲力尽（S）是因为你想在下班后留一点儿时间给自己（B）？”

“是的。但你懂的，如果我不做饭，孩子们会胡乱吃点儿什么，但他们应该吃得健康。”

“你为他们的饮食平衡感到担心（S），你需要确保他们吃得健康（B）？”

“是啊，对我来说，这是第一位的。”

“那么你是不是在留点儿时间给自己的需求，比如去好好泡个澡，和确保他们的饮食平衡的需求之间犹豫不决？”

“是这样。但你想啊，他们不能理解我在泡澡，却让他们等着开饭的这种做法！”

“我理解的是，你很难相信他们能够理解这件事？”

“哦！我确信他们理解不了。”

“既然你的孩子们在这里，我建议你问问他们对这件事的感觉，而不是替他们决定他们不能理解。”说着，我转向孩子们——参加我们研讨班的两位少女：“对于你们的母亲刚才和我们分享的事情，你们怎么看？”

（异口同声地）“几年来，我们一直对她说，要么在做饭前去放松一会儿，要么让我们来做饭。我们不只知道她晚上需要喘口气，而且知道她讨厌做饭。于是，那气氛真够呛，因为她做饭是违心的！每个晚上通常都是因此毁掉的。尽管如此，她仍然可以相信我们，接受我们能够自己想办法、自己做饭和做些好事的想法。我们吃光所有饼干存货或吞下10片涂满巧克力的面包的时代已经结束了！”

于是我转向那位母亲，问：“你听到女儿们说她们希望你要么相信她们能自己做饭，要么你在做饭前给自己一点儿时间放松一下之后，有什么感觉？”

“我感到既困惑又宽慰。的确，她们常常对我这么说，可我没听进去。记忆中，我母亲曾竭尽全力把事情做好，竭尽全力做一个好母亲，而我发现我很难跳出这一剧情，而她们请求我这样做，因为这个剧情不适合她们。”

这次交流暴露了我们把自己禁锢在对我们自己（“一个好母亲应该……”）和对别人（她们不会理解，我甚至不敢同她们讲，我知道她们的回答……）的成见里倾向。只有与对方真心交流，才能走出这个陷阱。

我观察到，承认自己的责任对我们来说有多难，因为我们倾向于把我们的遭遇归咎于他人或事件的责任。对于这位母亲而言，在没有得到帮助的情况下，她很难独自弄清楚问题所在，并通过与她的女儿们讨论而自由地承担起她的责任。在无意识状态下，我们往往更愿意待在我们的笼子里和非常熟悉的栖架上，而不是自由地飞出敞开的笼门。然而，笼门是敞开的，大大地敞开着，就像本书开头引用的久洛·伊耶什的诗中所述。为什么会这样？难道不是因为自由比约束更让我们害怕吗？

约束，我们非常了解。它是熟悉的，不舒服但熟悉。而自由，天哪！它是新的，引起我们对未知世界的恐惧！在世世代代接受了关于职责或习惯的教育之后，我们很难接受根据自己的选择和心灵的冲动来行事。然而，这是极其重要的。为了避免世界变得麻木，我们每个人都急需找回心灵的冲动。

你必须穿上拖鞋！

在一次培训中，一位母亲对我说："我无法让我6岁的女儿理解，当她穿着睡衣在家里跑时，必须穿上拖鞋。"

我请她给我表演一下她给女儿提建议时是怎么做的，把我当成她的女儿一样对我说话。

"我跟你说过100遍了，让你穿上拖鞋，我不知道再怎么说才能让你听懂我的话。马上去穿上你的拖鞋！"她对我说。(听到自己的声调后，她也笑了)

"如果我是你的女儿，当我听到这些话，我就会想要对着干，其中至少有两个原因。第一个是我不明白你这个要求的意义：而我，我光着脚跑很开心！"

"但我一开始已经跟她说过，我担心她着凉。她生病了，我还得请假陪着她。但是的确自从我跟她讲过一次之后，我想她已经明白了，所以当我生气的时候，就没有提醒她促使我提出这个请求背后的需求。"

"你可能会发现她或许没有像你一样重视你的需求。因为我们不难想象，对于一个小女孩儿来说，着凉和与妈妈待在家里这种情形并不像它之于妈妈那样有约束力！因此或许可以进一步澄清需求，当然还要重申它，而不是认为因为我们已经说过一次，对方就已经像我们一样完全领会了。现在我想问你，在告诉她你的需求和对她提出你的请求时，你是否尊重了她不同意的自由？"

（笑了）“啊，没有，当然没有！”

“这就是第二个原因，如果我是你女儿，我就不想穿上我的拖鞋：我需要我的自由得到尊重，因为我是一个完整的小女孩儿！”

“这很难！接受对方不同意很难！”

“当然，这不容易。但如果我们把我们的请求变成强求施于对方，我们得到的要么是顺从，要么是反抗，而不会是交心。现在，当你说‘这很难’时，你是不是不确定你能够接纳你女儿的不同意见，同时又不放弃你自己的需求？”

“嗯，是的。实际上，我希望她身体健康，我希望她能够在这些小事上对自己负责，比如，当她冷的时候，穿上她的拖鞋。”

“你是不是希望能够相信她，接受她能够逐步地自己决定什么时候穿上拖鞋？”

（长叹了一口气，沉默了一会儿）“就是这一点：能够相信她。我很难相信她，我控制着一切！这让人筋疲力尽！”

在这次研讨班期间，这位母亲越来越意识到她很难相信别人。她也明白了她需要在自己身上下功夫，才能改善她与孩子们和丈夫的关系。研讨班持续了好几天。一天早晨她回来时，非常高兴地说：“我还没有做到清楚地向我的女儿表达我的需求，但昨天晚上，我没有生气，而是问她是否知道我为什么希望她穿上拖鞋。她清楚地回答我：‘为了让我不着凉。’我做到了让她自己去选择，而没有给她任何强求，几分钟后，我发现她已经自己穿上了拖鞋！”

您看，愿意破解“你应该”“你必须”的密码给了我们找回自己和了解自己的责任的机会。

一位在国家机关任职的政治家来找我面谈，因为他发现自己在与团队的交流中常常遇到困难。他观察到自己经常使用一种斩钉截铁的语调，并得到一些拒绝权威和不满的反应，这干扰了工作，而他只是希望实现高效的协同和良好的合作。在一次团队重建时，经过几轮选举，他想要改进他说明自己对未来几年的构想和目标的方式。他尤其希望在他身边工作的是那些的确关心公共服务和大众利益的人，不再想和首先关心自己前途的人合作。他怀着崇高的目标，我很高兴能为此做出努力。

他的演讲稿充斥着“绝对应该……，我们必须……，现在正是时候……，……是可耻的”——即道德或精神层面的职责和考虑，以至于我毫不惊讶他的态度会引起争论：他给人的印象是他知道什么对别人好，他要为别人做决定，以别人的名义。我们研究了他的感觉和他的需求，从而使他能够用一些针对每个人的话来表达自己：“我很累，而且有点儿失望，我需要我们的团队工作是高效的，为此，我需要确保我们拥有同样的目标——服务和大众的利益。我希望我们中的每个人都能花点儿时间好好在内心定义他的优先事项。我非常需要我们能够言行一致：我们想要一种对自己的行为影响更有觉悟，在整个任期内对全局更负责任的政策。我们中的每个人是否认同这一理想，并能够在日常的任务中实践它？”

这种切入主题的方式，与那种强求或谴责对方的“应该”式的语言相比，提供了与团队成员展开心与心的交流的更多机会。此外，这位领导对这种最终能使团队会议顺利进展的方式感到非常满意。

该去倒垃圾了！

下次当您对自己说“该去倒垃圾了”时，您先停一下，放松自己：如果您让您的垃圾就那么堆着，周复一周，在厨房里、客厅里，甚至在卫生间里，也不会有任何警察来逮捕您，或者有任何人对您进行最后的审判！如果您去倒垃圾，难道不是因为您需要秩序、整洁、卫生、美观和舒适，从而使您的家里变得温馨吗？

请扪心自问，如果您接受了自己信奉的价值观，而不是屈从于“应该”的约束，您会感觉到怎样的能量。

我别无选择，我没有时间！

我知道，当然，在某些情况下，选择的可能性可能微乎其微，甚至为零，比如针对身体的暴力或约束可能会剥夺行动的自由。然而，我总是从内心深处钦佩某些人的勇气，他们承认自己没有决定、拒绝或改变的力量，因此选择接受某种可能不适合他们但仍能满足某些需求的状况，其中往往包含对物质、感情和情感安全感的需求。我觉得承认自己的责任比控诉环境或他人更加勇敢。

我认为是某种语言习惯让我们说出“我别无选择”，就像我们说“我没有时间”一样。如果我们能更多地意识到我们的需求，我们就会更清楚地看到是我们决定了自己的优先顺序，我们对时间的利用明显地反映了这种优先顺序。我们的时间表是优先顺序的指示器。那些每天工作10—12小时，却说“我没有时间，工作的时间我有，我别无选择”的人可以重新组织他的语言，比如这样对自己说：“我目前的优先事项是确保我和我家人的物质安全感。我还没有机会找到一份报酬更高的工作，使我有更多的空余时间。”或者，“我的确一心想要承担一些重要的责任并为之奉献自己，因为这满足了我感到自己有用并在我的工作中找到激励和乐趣的需求，因此我暂时选择为此贡献我的大部分时间”。由此，“还没有”和“暂时”打开了一种自由改变的可能性。

实际上，看看我们所做的事、我们为之贡献了时间和精力的事，以及我们所见的人就足够了。这些要素是一个神奇的指示器，指明了我们的优先顺序，从而指明了我们的选择。注意！不一定是第一眼看到我们在做的事，而应看到我们做的事所满足的我们的需求。

我们再次发现，只有我们对自己的选择或自己的时间安排负起责任，我们才能获得改变我们想要改变的事情的行动力。一句英国格言不无幽默地说：如果你不喜欢这个，那就改变它；如果你不改变它，那就喜欢它！

防波堤还是航标，牧羊人还是带刺铁丝网？

如果一定要在暴力和怯懦之间做出选择，我建议选择暴力……但是我相信非暴力永远优于暴力。

——甘地

一天，当我开车穿过一个小镇时，刚转过弯，我就被一位警察拦住了，因为我心不在焉地压了路面上的白色标线。看见警察的一刹那，我意识到自己分神了，那个关于“盲目工作的又蠢又坏的权威”的成见引起了我久违的抗拒反应！完全沉浸在这个旧的成见中，我等着听到一番行政说辞：“您违反了道路交通法第XYZ条规定。罚金是1500法郎，就是这样，您别无选择。”或者是一番道德说辞：“您没疯吧，在一个村庄里这样开车，您太不自觉了！”我把车停在路边。那位警察走过来，非常文明地向我致意：“先生，我很担心，因为我要在放学时间对这个村庄的安全负责（B），当我看到您越过白线时，我不确定您是否意识到这对可能从这里经过并心不在焉地过马路的孩子们很危险。您觉着呢？”

我简直不相信我的耳朵，差点儿让他重复一遍。这位警察观察了事实，但没有评判我，他给出了他的感觉，并告诉我他的需求，同时请求我告诉他我的反应！我非常赞赏这个人的意识，因为他在那里不是为了处罚、谴责或约束，而是为了指出并提醒一种价值观和一种需求——安全。同时，这一切的实现不是通过威胁或惩处，而是通过唤醒责任感。我回答他说，我对我的心不在焉非常难为情，我的确重视人们的安全，特别是孩子们的安全，而且他的有意识的、有责任心的态度促使我今后开车时更加自觉、更负责任。他祝我一路平安，我很开心地走了。

我后来坚信，这个故事继续激励着我开车时的警惕性，远远比我“必须”以交罚款的方式来买个司法和解更有效。这位警察本来可以采取防波堤的态度（“您错了，您应该交罚款”），可实际上，在我的记忆中，他总是让我想起一个善意的航标——一个基准点，每次想到他，我都怀着敬意和友爱，他一直引导我开车上路时要提高警惕。

遵守一条规则意味着我们理解了它

“如果年轻人们不遵守规则，那是因为他们不理解这些规则。”这是皮埃尔－贝纳尔·韦勒日——非营利性协会“警察与流氓”的创始人教给我的。之所以说“教”，是因为对于我这样一个律师而言，这是一种学习：不是因为一条规则存在，它就有意义，或者更准确地说，以同样的方式对所有人有意义。

此外，正如我已经提到的，理解给予我们行动力：我们不应竭力让别人盲目地遵守规则，而应该使自己明白，这条规则的意义以及它所表达的价值观是否以同样的方式被所有人准确地领会了。如果我们不知道一条规则是表达或解释日常生活中某种价值观的一种尝试，那么我们就很可能只把它当作一种令人恼火的约束来遵守。

在我们为问题青年们在撒哈拉沙漠组织的一次远征过程中，一种紧张的具有挑衅性的气氛有一天开始在青年们中间形成。我们听说有些个人物品被盗，而且某些人抱怨承担了所有任务，而别人却在休息，但是我们让青年们在这些压力中“熬”了一段时间。然后，一天晚饭后，围着篝火，我们建议他们轮流发言，每个人都有自己的发言时间，通过传递发言棒来进行。以下简述了三个青年和发起对话的主持人之间的交流：

“你，蒂埃里，你想发言吗？”

“是的，有人偷了我的东西。这些混蛋，我要揍死他们！”

“你生气是因为你需要别人尊重你的物品和你自己？”

“是的，我需要别人尊重我并且诚实。”

“你，珍宁，你想发言吗？”

“是的，我受够了。只有我们和其他两三个人帮忙卸车和装车！有些人什么也不干，不停地闲逛！”

“你反抗是因为你可能需要互助和公平地分配任务？”

“是的，如果我们互助，这会更愉快，而且干得更快。之后我们都有更多的时间去安置自己的东西。”

“你呢，让－吕克，你想说什么？”

“是的，我受够了别人在我背后说闲话。科琳娜和安吉拉不停地说一些关于我的事，那都不是真的。”

“你生气并且失望，让－吕克。你希望她们如果有话对你说，就过来坦率地对你说？”

“是的，坦率地说，而不是在背后说，而且也不要无中生有。”

于是，一个接一个地，我们倾听了所有人的心声，复述了他们的感觉和需求，但没有评判他们。于是从他们自己口中，说出了使社会生活幸福的所有价值观：尊重、诚实、互助、公平、坦率、实事求是等。大部分青年都有严重的案底，因为他们犯过重罪。某些人在被他们的负责人托付给我们的时候，甚至要求我们签一份收据，因为他们被归类为无可救药的惯犯。但是，当被隔绝于荒凉的沙漠中，远离约束和家庭反抗后，他们与我们分享了他们美好的意愿。他们告诉我们，在他们的心中，他们珍视这些价值观，即使他们给人的印象是在一个他们找不到自己位置的社会中践踏了这些价值观。突然，这些价值观对于这些青年有了明确的意义：他们能够自己发现，没有这些价值观，他们将面临是非和苦难。

想象一下，如果我们扮演防波堤类型的监狱看守，对他们说："你们应该自尊、应该互助，如果你们不这么做，你们会受到惩罚或被路过的第一匹骆驼送回去……"我们得到的将是冷笑或嘲笑者、牢骚者的耸肩和一记漂亮的前臂上举（侮辱性动作），一切随之结束！更糟的是，我们可能会使他们进一步相信他们是另类的，他们无法融入社会，他们不合群、不存在；他们很可能会变本加厉地继续他们的行为，通过怀疑和作恶来寻找存在感。作恶，怎么说也是一种感受存在的方式。这天晚上以及接下来的旅程给了他们许多机会去体会他们也可以在善良、互相尊重和信任中感觉到自己的存在。

这个小故事揭示了，如果我们从摇篮里就开始接受压力、争吵和感情不适的教育，如果从儿时起我们就相信侵犯他人是为自己争得一席之地的唯一方式，除非完全放弃这个位置，一种对善良的抗拒就会在我们心中扎根，因为善良似乎没有丑恶那么强烈，也因其未知性而缺少安全感。于是，我们有可能无意识地反复创造一些我们熟悉的状况，以便重获强烈而熟悉的感觉。

我认识的一位商人就是如此，他极为礼貌、亲切和优雅，他在儿时曾深受他那极度专制的父亲的影响。尤其是这位父亲让他承受令人强烈反感的耐性考验，也就是说让他习惯忍耐。在他现今的生活中使他烦恼的是他面对权威的反应。他意识到自己找权威的麻烦是为了与他们打架！他全面质疑他在工作中遇到的所有法律或行政约束，用疯狂的精力去反驳官员们或服务部门的负责人，而他们只不过让他遵守行政秩序而已。一次，一名交警只是对他进行了检查，他就开车到警察局侮辱这名交警。这次之后，他意识到了自己的问题。

通过研究自己的需求，他意识到他在这些时刻找回了存在感，也意识到渴望拥有自己的位置的强烈程度和自信，而这正是他以前所缺乏的。我们一起探讨了与他父亲的态度相关的一切愤怒和反抗。然后，当他准备好时，我们探讨了他父亲在那么做时可能存在的需求，而这恰恰是为了理解他的父亲。最终，我们更新了以下需求："今天，我需要感觉自己真真切切地活着，而不是活在反抗和侵犯中。我需要给予自己我没从我父亲那里得到的一切位置和尊重。"

无论我们是资本家、街头混混，还是文明的商人，我们都有对意义和力量的需求。尤其是，我们发现，如果我们不尝试理解自己，理解暴力的机制，并因此进一步意识到我们的行为机制，那么我们很可能继续长久地设置监狱的带刺铁丝网或铁卷帘门来保护我们自己。

你快点儿，你快点儿！我们没有时间了！

“牧羊人还是带刺铁丝网”这个措辞是我在两年前想到的，当时我正在穿越法国的一个地区，我25年前就去过那个地方。那里当时非常偏僻和原生态，以至于它对许多人而言，代表了回归自然的梦想。我当时还是一个少年，被住在那里的牧羊人的职业所吸引，我喜欢他们那沉浸在天地间如沉思的诗人般的姿态。他们自由地放羊，穿过朴素的灌木丛，从山沟到山丘，从岩石到耕地，坚定而淳朴。几声愉快的命令和许多鼓励表现出牧羊人对每只羊的了解，尤其是对静默和时间的了解。牧羊人为了羊群的舒适，留心调整自己的步伐和路线。25年后再回到这个大区，我震惊地看到，现在羊群被圈禁在栅栏和围墙中，不再有时间在原野上奔跑，几道带刺铁丝网代替了原野！羊群只能原地顿足，而牧羊人变成了羊圈看护者，因为没有时间！

我常常想到学校和教育，想到家庭和青年收容所，想到寄宿学校和感化机构，在所有这些被视为接纳和教育的场所里，大家都在抱怨“时间不够”。而我却梦想着提高人际关系的质量。当然，我不希望任何人变成一只羊，无论是本义还是引申义！我梦想着教育关系中的每个人都能感到自由，像一位牧羊人那样，从容不迫，选取最适合每只羊的路线；我梦想着学习关系中的每个人都能在请求帮助时有人听到，在说出害怕或感觉不舒服时有人倾听，在看到某人做某事不成功时有人鼓励，在表现出慌乱时有人理解，而不是被约束在围墙中原地顿足。

我经常去学校工作，总是听到这样的抱怨：“但我们没有时间！”布鲁塞尔一所名牌大学的校长在一次研讨会上听我提到了牧羊人的形象后，对我说：“你说的完全正确，家长和学生都不再知道什么是从容不迫。学生们不停地听到两句话，它们是：‘赶快，赶快！’和‘快点儿，快点儿！’。”

但是，是我们真的没有时间，还是我们不愿意看到某些优先事项？我们往往忙于家庭的安排，忙于家务事。一对夫妻就是这样意识到，他们借口“没有时间”在晚饭后见他们的孩子，因为他们正在装修他们的房子。他们选择了一个新的厨房、一个新的客厅，并重新布置了花园。另外，“必须”换掉陈旧的汽车，因此他们刚刚买了一辆涡轮增压柴油机的家庭版新车！孩子们抱怨见不到他们，并开始表现出混乱：愤怒、在学校小错不断、失败、赌气……这对父母开始指责孩子们不守纪律、缺乏礼貌。他们的确需要看到，在一段时间内，他们颠倒了优先顺序，把房子和物质舒适度放在了首位，二者需要付出额外的劳动和开销。意识到这一点之后，他们重新安排了他们处理事项的优先顺序，并因此改变了他们的时间安排。

实际上，如果我们独自一人吃饭或互相给脸色看，那么要一个新厨房有什么用呢？如果我们永远没有时间坐下来，那么要一个新客厅有什么用呢？如果我们每次旅行都会吵架，而且我们不再有时间旅行、到森林里散步或度假，那么要一辆新车有什么用呢？

椅子优先还是倾听优先？

几年前，弗朗索瓦在参加了几期非暴力沟通的培训后给我打电话，请求我的帮助。他刚被任命为布鲁塞尔一个名声不好的街区的一家青年收容所的所长，他看到了这家收容所气氛糟糕的一幕。这个街区的青年们看上去很叛逆，砸坏了那间供他们用于会面和作为工作室的客厅里的所有东西。弗朗索瓦在社会和人道主义活动中从业很长时间了，但他还从未负责管理过所谓的街头青年。我会见了他和他的团队成员，他们很了解这个街区。我了解了一点儿这种叛逆的历史，并花时间与某些青年讨论了这个问题。好像之前的管理层承诺过举办一些活动，却没有兑现。青年们抱了很大的期望，却失望了，所以有一天，在宣布最终取消计划后，他们失去了理智，砸烂了客厅里所有的椅子和所有的沙发！

弗朗索瓦对我说，他的上司坚持让他立即把房子恢复原状，并重新购买缺少的家具，于是他来征求我的意见。我回答他说："如果炸弹还没有除去引信，为什么要重修房子？这几乎等于挑衅：青年们会看到，你们有钱换东西，却没钱关心人！这是再次点燃导火索的最好方式：他们会感觉——无论对错——自己没被当回事，而是被当作东西从一个计划移到另一个计划。现在紧要的是向他们证明你们把他们当人看待，倾听他们的心声，并试图理解他们的沮丧。”

应他的要求，我接受了他的建议，去倾听青年们的心声，并花时间找回和平。他希望我给出一个数字化的报价，以便他向领导层汇报。因为不太能够想象这项工作需要的小时数，我建议用四个模块，每个模块四小时，总共会见15名青年，总预算大约为当时的两万比利时法郎。

弗朗索瓦一周后给我打电话，告诉我这个报价被否决了，因为领导层刚刚决定花15万法郎整修客厅和购买椅子，因此用光了当年的预算。而且，他还明确告诉我，领导层认为这是一个优先事项：为了使青年们感觉舒适，应该使装修显得温馨，但领导层打算加强监控措施，以确保对设施的尊重。

当然，装修显得温馨是重要的，但是如果心中怀有反抗和恨意，温馨的装修又有什么用呢？这样做很好，但它有助于找到人际关系的真相吗？当然，确保尊重设施是重要的，但加强监控真的是对所有人最高效、最令人满意的手段吗？

这个真实的故事告诉我们，我们的机构有多么像我们自己，它们还没有把人放在关注的中心，而是任凭自己乖乖地为人周围的组织安排而分心。

暴力的爆发是一颗被压抑的生命的炸弹爆炸了

正是当我们已无话可说、已耗尽倾听的耐心时，我们开始建造带刺的铁丝网。

一天，我们把20多个问题青年带到伞兵突击团的训练场，进行为期两天的攀岩和高空钢索与桥梁上的胆量训练。这个训练营是露天的，没有遮蔽。我们从青年们的负责人那里得到了许多警告："他们很危险，好好监视他们，不要让他们跑了……"或者"你们疯了？他们会在他们找到的第一家酒吧酗酒闹事，当天晚上就带他们回来吧。"

我们充满信心地出发了，而且做对了。其实，尽管他们习惯于生活在收容所的四面围墙内或大街上，但当他们这样度过一天：在高空中，在绳索的一端寻找平衡，而脚下悬空100米时，或跨过架在峡谷两侧比冷杉树顶还高的猴子桥时；当他们又热又饿又怕，却仍在晚上围着篝火与空闲的成年人一起讨论、发牢骚和大笑时；当帐篷搭起来、晚饭在火上煨着时，没有一个人还想着别的事。是什么留住了他们？——幸福，它的佐料是：他们所做的事情的意义和存在的感觉。

如果我们的生命力没有机会表现出来，如果我们的不幸没有机会被分享和理解，那么我们都是危险的。暴力的爆发，是一颗被压抑的生命的炸弹爆炸了。

意义与感觉

“河岸是河流的幸运”

我不记得是谁说了这个美妙的句子。的确，没有河岸，河流就变成了沼泽，走不远了。我们需要意义，就像需要面包。法语“sens”这个词有双重含义：方向和意义。这句话全部的艺术在于理解和使人理解河岸是河流的盟友、朋友和忠诚者；河流不是在忍受河岸，而是依靠它，并因为它而更强大。

我们需要意义，就像需要面包

我经常与青年们研究意义和自由的问题。据我观察，他们很想得到这两者，但不太知道如何做到，而且他们自己发现，做自己想做的所有事不一定有意义，相反，选择某种意义可能具有约束性，因为这需要一些克制。为了解释自由并不意味着能够做任何事，而是能够做我们选择做的事这个事实，我给他们打了以下这个比喻：

“想象一下，你们12个人在一块荒芜的土地上，经受着下午烈日的炙烤，你们会做什么？”

“嗯，我们会闲逛，我们会睡觉，或者我们会去街区里转一圈，我们会感到厌烦！”

“想象一下，我给你们提几个约束条件：用石灰在地上画一个大的白色矩形，把这个大矩形一分为二，把人按此分成两组，两组人只用一个球，在规定时间内，采取几种传球方式，会发生什么？”

（惊讶地）“啊！这挺聪明，我们可以踢足球！”

“你们看到了，规则或约束条件是游戏的框。正是它们给了你们机会去以更加令人满意的方式行使玩耍的自由。正像红灯和道路交通法的存在是为了帮助我们以更令人满意和安全的方式行使通行的自由一样。如果我们没有意识到规则的意义，我们可能非常想独自去框外玩。如果我们意识到规则的意义，我们就有更多的机会得到一起玩耍的乐趣。”

如果我们不反思，探究意义就很困难。我观察到许多父母和教师在这方面很混乱：青少年甚至是更小的孩子对自己所做事情的意义的质问，常常使他们目瞪口呆！就个人而言，我的确很高兴有这么多的年轻人想了解意义，而不愿再听到：“就是这样，因为它就是这样；我们去上学，因为这是义务；我们工作，因为要自食其力……”

通过提问，青年们促使成年人思考甚至重新调整他们的优先顺序，并明确对他们“有意义”的事的定义。我从中看到了一个向着更多的意义、责任和真相发展的信号。当然，这有点儿动摇了老标准和旧习惯，像这样被引导去质疑自己，肯定有时不太容易。

歌颂生命的激情

> 人类缺乏的，正是激情。
>
> ——卡尔 · 荣格（Carl Jung）

几年前，冰天雪地的11月，在魁北克市的一条商业街上，一个十六七岁的少年微笑着跟我打招呼，他倚在墙角，似乎在等人。他跟我搭讪："嗨，你好吗？你在找人？"我立刻明白了他在那里干什么，在严寒中，在他那放了学的中学生的外表下。我答道："不，我不找人。但如果你愿意，我很乐意请你喝杯咖啡。"天气真的很冷，在这次意外的邂逅中有某种东西触动了我。他接受了。我们走进街角的酒吧，有一搭没一搭地闲聊了一会儿。

"蒂姆，"我对他说，"是青年们教会了我大部分我所知道的事以及我工作中所做的事。你是否愿意让我提一个关于你的问题？"

（吸了一口烟）"没问题，提吧。"

"是什么让你去做你在街上做的那事？"

"可卡因。"

"那么是什么让你去吸可卡因？"

"生活。"

"生活中的什么？"

（他长叹了一口气，用力吸了一口烟，然后使劲掐灭了它）

“我再也受不了我父亲对我说应该去上学，因为就是这样。他甚至不能告诉我他自己为什么工作！他不该胡说八道，这没有意义！”

“你需要事情和生活有某种意义？”

“当然！而且生活很乏味，我父亲很乏味，我所在的村子很乏味。我需要爆炸，于是我出来流浪……”他打趣道。

“你希望生活更有激情、更有活力？”

“是的，是这样，我希望感觉自己完整地活着。但是，我在我的生活中找不到这种感觉。于是我吸可卡因，我吸大麻，我和不认识的人一起飞上了天。我还没找到其他能让我活下去的好运，尽管我知道它会到来。”

几句话，蒂姆就总结了我们生存的两个基本挑战：我们需要感觉到我们生命的意义，感觉到它的方向和它的人性、哲学和精神意义，而且我们也需要感觉到自己化为鲜活的、颤动的肉身，能够完全品尝到活在世间的乐趣。如果我们不以建设性的方式关注这些需求，我们可能会倾向于以破坏性的方式填满它们。

在我们相遇后的第三天，当我离开主持培训的地方后，我又遇见了蒂姆，那会儿他正在一条大街上。我并不吃惊又一次遇见了他。他有点儿惊慌，并明显已经花光了他最后的积蓄。他缺20美元买张回家的长途车票。

“20美元，我告诉你，这正好是我需要的回家路费。那里离这儿有400公里！”

“我很想帮你，但谁能告诉我，你不会抽光这20美元呢？”

“去和我一起买车票。我要走，我告诉你！”

我们朝长途汽车站走去，蒂姆向我解释道：

“我害怕错过我的那趟公交车，我父母明天在家等我，而我在这儿的伙伴不愿再收留我了。于是我祈祷了。我总是在这种时候祈祷。”

“你总能如愿吗？”

“嗯，你看，你从那儿路过，你给我付了车票钱！”

“你相信吗……”

“相信什么？上帝？”

“是的。”

“当然！他总是回应我。”

他有信仰，相信自己有一天会有妻子、孩子和工作。他谈起自己的经历就像一段简单的过往、一个时刻。我很感激蒂姆给我上了关于生活和信仰的这堂课。这次交流在我心中激起了更深入地挖掘人心的兴趣，并希望借此找到健康和生命的静脉，哪怕是找到穿过痛苦和日常的泥沼的些许途径。

于连是一个17岁的男孩，他太严肃了，以至于别人以为他自闭。他有吸毒的问题，我们邀请他加入了一次我们在高山和沙漠地区组织的河上漂流。头几天，他一直待在艇尾，在整个漂流过程中一动不动，一言不发，而其他人都争着到前头去跨坐在皮艇的碰垫上，随着河流的波浪起伏。于连来自一个很小的地方。他的父亲是外国人，很久以前就回他的祖国去了。于连很伤心，很孤独。其他人玩得那么开心，仍克制着自己。一天，他冒险去了前头，也跨坐在了皮艇的碰垫上，他等待着下一股急流。在那儿，波浪要比预想的大得多。大浪慷慨地浇湿了整条皮艇，涡流差点儿掀翻了它。于连狂喜："你们没看见这个大浪，你们没看见。我看见了，嗨，男孩们，你们看见了吗？多响的一记耳光，太棒了！"他停了下来，自己愣住了，我们也惊讶于听见他以如此生动的语气说了这么多话。一瞬间，整个团队齐声欢呼，就像迎接一个新生命！在水流的喷射中，于连获得的是生命之流的喷发，它教给他进入自己的身体，离开悲伤的彼得·潘，舞起来，动起来，表现自己。于连渐渐摆脱了他的迟钝和缄默。日复一日，我们看到他加入他人的行列，在集体中找到自己的位置，开始大笑。八年后，我再次见到于连，他已经工作了，并在呵护自己的儿子。

这就是我特别喜欢的一项挑战：找回存在感、快乐和对生活的兴趣，哪怕要经历最生硬的困难，也不要否定它们、压抑它们。既不天使化，也不恶魔化，只是有意识地、尽可能地去经历这一切，同时避免那些习惯性的陷阱，即安于我们的行为习惯、我们的原则和我们那些没有医治或错误医治的旧伤口，在理想化或抽象化的精神中逃避。

在本章即将结束时，我想要歌颂生命的所有状态、所有运动和所有时刻，歌颂那使我们超越加诸我们的各种约束去追求我们的真实需求的生命。生命，它使我们敢于相信我们的孩子；它使我们先去泡个澡，而不是违心地去做饭；它使我们敢于开着篷车、带着装备和行李出发，而不是接受烦恼和忧愁；它使小女孩儿抗拒穿拖鞋，因为她想理解妈妈让她这样做的意义，并想看到她的自由得到了尊重；它使家长们重新定义他们的优先事项，抛开花园、房子、汽车，与他们的孩子在一起；它使我们去改变我们不再喜欢的事物，去喜欢我们改变不了的事物；它使我们意识到并始终牢记我们的价值观，正如那位守护村庄放学孩子们的安全的警察；它使我们坐下来，与青年们坐在一起，互相倾诉我们的价值观，检验它们的恰当性和有效性，并分享它们；它使我们发现一种藏在漂亮服饰下的由来已久的反抗，并把我们从中解放出来；它使我们停下匆忙的脚步，倾听自己的心声；它使蒂姆尽管身陷困境，却放弃了轻生的念头，“重新激发”了生活的勇气；它给了于连一记“耳光”，使他从自己的麻木中清醒过来，融入了人群；最后，它有一天可能会使我们推迟“翻新房子、购买椅子和装修”的预算，如果有必要，我们将坐在地上，甚至坐在瓦砾中，倾听彼此的心声。

1939年至1945年“二战”期间，我的祖母，一位十分慷慨的女性和非常虔诚的教徒，在她家的地下室里隐藏了几名犹太人。我们当时只有十一二岁，在地下室的各个角落做游戏，很难相信有人必须藏在那里保命。她给我们讲述了这些故事后，一有德国人闯入搜查，我们的心就突突直跳。而她却敢镇定地告诉搜查房子的巡逻队头目，家里只有家庭成员，没有任何其他人。我对她的尊严和勇气满怀敬佩，但仍有一个疑问：

“可是奶奶，您没有对德国人说实话，可您告诉我们应该始终说实话？”

（她停下来闭目沉思）“你说得对。我认为应该始终尽力说实话。但是的确有些事情比实话更重要：那就是生命。应该尊重生命。”这就是我的祖母教给我的超越之道，超越言语、原则和习惯。

如何运用强力和惩罚？

如果我看到我的孩子朝着车来车往的马路跑去，我会一把抓住他，把他拉回人行道，而不会对他太温柔。这不是告诉他我的感觉如何以及我的需求是什么的时候：这是情况紧急！当孩子安全了，我不会一边吼叫着斥责他一边打他，甚至惩罚他，我会向他解释，刚才我非常非常害怕（S），我当时不确定他是否意识到了危险，我推他是为了保护他免遭车祸（B），我会问他是否同意以后多加小心（D）。这是为了保护而运用强力。

如果我在街上被人袭击，除了还击没有其他手段避免挨打，我就会还击。不是为了侵犯，而是为了保护我的生命。

生命且唯有生命才是衡量肢体防卫正当性的尺度。我们的意图是什么？是制服、缩短和消灭生命，还是保护、容许和鼓励生命？

至于“为了教育”而运用强力，无论是打耳光、打屁股还是关禁闭，当听说声称爱他们的孩子的家长们在孩子不听话时能够抬手打他们时，我始终感到震惊。他们也是以同样的方式向自己的朋友或亲人表达不同意见的吗？我当然能理解，作为父母，我们会对孩子的行为感到超出极限、忍无可忍，不知道该采取什么态度。然而，我深信，打一个孩子，即使是很轻的，也是延续了一种旧的信条，即暴力是解决冲突的正当手段。这在青年——明天的成年人——心中为运用强力约束对方顺从自己提供了正当的依据，会使他们假设“如果我们不能做到互相理解，我们就打一架”。这维持了一种旧的错觉，即我们可以通过做坏事来获得好处。

动手就等于承认了无能，无法使对方理解自己，也无法使自己理解对方。您看到了，我们急需学会一种新的语言，来理解我们自己和使自己被理解。我并不是说各种行为得到裁定——即根据它们所支持或反对的某种价值观来批准或反对——不重要。这一参照标准非常清晰，在我看来是必不可少的，不仅对于教育，对于社会生活的幸福也是如此。

惩罚还是裁定?

应该施以惩罚吗？难道没有更负责任的方式来裁定一种行为是否违背了某种价值观吗？我认为，惩罚往往证明缺乏想象力、创造力，以及不相信能够通过商议找到纠正错误且有益于生命的解决办法。

各个法院已经开始理解这一点，并通过一些所谓公共利益工作来做出裁定。我并不是说这样做很简单，我也不是在评判那些忍无可忍、手段用尽的父母。我只是看到，我们都对一种信奉暴力的教育模式的延续负有责任。

我几乎每天都能看到人们多么惧怕惩罚，又多么渴求奖励，而这两种态度只不过是同一悲剧性的猜币游戏的正反面而已。它们使许多人陷入对他人的依赖、令人紧张的负罪感和对主动性、创新性、差异性和责任心的一贯怀疑中，而这些情况又重新激起了因“弄错”而被惩罚或得不到代表批准的奖励的恐惧。惩罚/奖励体系没有创造内心的安全感和自信。它往往无意识却持久地激起了对一个好分数或多或少绝望的追求，或者对一个差分数的惧怕。我经常能够观察到这种机制，尤其是在企业中，我经常痛苦地看到这样一种教育造成的破坏，即在万不得已时，借助恐惧和负罪感，而不是热情和赞同，来传播它的价值观。

让我们澄清我们的意图：我们想从他人那里得到什么？是

建立在恐惧或羞耻感，以及对“取悦于人，以收买和平”的唯一关心之上的、被剥夺了意识的自动服从，还是对我们内心坚持的某些价值观负责任的赞同，以及在意识到共同利益和道德义务后去做事情的兴趣？

在我25岁时，服兵役在比利时还是强制性的。那时候，我想象不到，即使如此，我还有做其他事情的选择，而当时我对非暴力的力量和效能还一无所知。从法律系毕业后，我需要新鲜的空气，在具体的、有形的现实中磨炼自己。于是我加入了伞兵突击团，当了一名军官。经过了半年极为严苛的体能和道德训练，我成为一名初出茅庐的年轻军官，领导着我排里的27名士兵，他们都比我魁梧，其中大部分服役年限也比我长！我立即认识到，与他们作对是徒劳的，即使我拥有军衔赋予的权力。我不希望这些人的行动是出于义务或服从，而是出于自觉和责任心。我理解他们需要明确被建议从事的活动的意义，需要我确认他们的动机。如果下达命令而不说明其意义，也不确认这些人的动机，则可能会麻痹我们的关系。我想要有生气的、尽可能平等的关系，同时清楚地尊重他们担任的角色的作用。我不记得我曾需要提高嗓门。我们的队伍愉快地工作并互相信任。尽管军队的经历在为人处事方面教会了我许多，我也肯定不会为军队辩护。我时常梦想，全世界的国防预算中是否可以有10%用于在各个阶层组织他们想要的发言和共修小组，用于从小学开始培训沟通和冥想，用于以非暴力的方式解决冲突，用于学习尊重差异性，用于激励个体的内心安全感和自信……想象一下，全世界用于武器和战争的钱只需省出10%，从今往后专门用作和平的工具！当我看到我与工作中的同事以极简单的方式获得了令人惊讶的结果时，当我一想到我们手中都拥有积极创造和平的巨大力量时，就浑身抖擞。

在这段服役经历中，我主要培养了这样一种意识：如果生活使我们接受了一种权力角色，这只能是一种服务的权力，一种运动启发者和团结促进者的职能，有点儿像管弦乐团指挥的职能。管弦乐团指挥会“惩罚”出错的小提琴手或走调的长笛手吗？不，他会提醒音乐的意义和对乐谱的尊重，并激发共同演奏的兴趣，或者确保音乐家们不会想要突然即兴表演一段爵士乐后才回到乐谱上！我培养了这样一种意识：我们可以活在一些等级森严的关系中，但仍然彼此尊重，既不丧失身份，也不丧失自尊。再次重申，重要的不是“我们做什么”，而是“我们怎么做”。

最后，我也并不是说威严总是没有必要的。但是难道我们不能学会既威严有力又不侵犯，学会说出甚至喊出“不，够了”，不去评判但却坚定地表达我们的需求，同时承认对方有权与我们意见相左吗？

当我们筋疲力尽时，我们会立即认为是对方令人疲惫。在我们的第一个女儿卡米耶出生时，瓦莱丽和我，我们明显缺觉并经常在半夜被吵醒。一天夜里，还未养成吃奶规律的卡米耶的哭声越来越难以忍受。我的妻子和我一边起身一边抱怨："她真的令人疲惫，这真让人受不了。"随后我们立即纠正道："不，是我们自己感到疲惫，很难忍受她的啼哭。她是有生命的，并在表达她的生命力。我们当然不指望她乖乖地让我们睡觉……是我们应该以其他方式满足我们休息的需求。"

阿尔伯特 · 雅卡尔[1]曾提请我们在裁定的方式上对自己负责："一座城市出现一所监狱，证明整个社会出了问题。"同理，借助惩罚手段——需要与上述裁定清楚地区分开——预示着我们的教育、工作或共同生活的方式出了问题。

1　阿尔伯特 · 雅卡尔（Albert Jacquart，1929—　），法国遗传学家、科学普及者、散文家和人文主义学者。——译者注

第七章

方法

Méthode

最近几年，我们比以往任何时候都更加意识到所有生物之间存在着深刻的相似性……一切生命都是相似的，而我们比我们想象中更加相似。

——乔治 · 沃尔德[1]

1 乔治 · 沃尔德（George Wald，1906—1997），美国科学家，诺贝尔奖得主。——编者注

三分钟，每天三次

尼采说过："力量就是方法。"学习任何一门新语言、一项新运动或新技能都需要方法、实践、严格要求和纪律。就个人而言，在专题培训班接受了15天的强化训练之后，我开始感觉自己多多少少能自如地应付非暴力沟通的过程了。也就是说，与我能够开始用一门新外语，如德语或葡萄牙语，表达自己所需的时间相当。我提供这个精确的时间当然不是为了使人泄气，而是为了鼓励人们意识到，正如我在本书开篇时提到的，我不相信只通过阅读这本书，就能够使我们发生深刻而持久的转变。只有通过练习和实验才能做到。

尽管如此，并非所有人都有空闲或有兴趣参加一次培训。尽管尝试理解我们是出于什么需求而没有这种空闲或兴趣是一件有趣的事，但专题研讨班并不一定是唯一的学习方式。往往当培训参与者的确坚持要得到关于某个常用练习方法的建议时，我从不给出个别建议，因为我相信我们每个人内心都有自己的工具箱，如果他在适当的场所得到倾听，便能意识到给予建议往往是试图省略一次真心的倾听的前兆。如果此人提出明确的、一再的请求，我会为他建议以下方法："三分钟，每天三次！花三分钟来倾听您自己的心声，不予评判，不加指责，不给建议，不尝试解决。花三分钟全身心地存在，与您自己相处，而不是您的计划或您的烦恼。花三分钟来对您内心世界的状态做一个小结，不要试图做任何改变。花三分钟使您与自己重新连接，确认您感觉自在，当被问到'有人吗？'时，您能够全身心地、真实地回答：'是的，我在这里！'像这样每天做三次！正是从这种与自己相处的质量中，才能产生与他人相处的质量。"

这种以顺势疗法建议的方法当然不是老巫婆的魔咒。这是一种邀请，以俏皮话的形式引导我们意识到，为自己制定过于宏伟以至于很可能变为一纸空文的改变目标是没有用的。我可以再一次直接证明，这种与我自己相处的简单而有规律的耕耘，对于我的职业生活和感情生活的改变是必需的。当我们像这样倾听自己时，我们可以逐渐感觉到我们倾向于什么、偏爱什么，并从快速解决一个问题、迅速获得一个结果的思路中摆脱出来，把我们的注意力和意识用于生命在我们身上的呈现："生命在哪里，生命对我说了什么，哪些是已满足的需求，哪些是未满足的需求……"正是当所有需求都澄清了，而且它们的优先顺序已经明确了的时候，解决方案才开始自己显露出来。这一练习就像音阶练习：您越意识到自己的愤怒说明了什么，您就越能够去倾听对方的愤怒；您越了解自己的无能为力或不安，您就越能善待和理解对方的无能为力和不安。接纳和爱我们自己的脆弱使我们能够去接纳和爱对方的脆弱。目前我还没有看到其他方法能够使我们放弃旧的、悲剧性的习惯。

一种意识卫生

我建议感恩：自己心怀并表达对所有已满足的需求的感恩，如果所有人都完全倾听自己，那就是活着、能够呼吸下一口空气、有眼睛能看见或有双手能感觉的需求。我知道这一建议看上去有多么天真，但我能承受。它对我而言是根本的。

当我们充满一切顺利所带来的能量时，我们就找到了克服一切困难的力量。这是一个内部生态的原则：如果我们的一切能量都被我们在某列火车晚点时感受到的神经紧张吞噬，而因此忘记了所有正点的火车，那么我们就可能被封闭在狭隘的视野中，并且迟早会窒息。因此我们急需培养我们的整体视野、整体呼吸。在日常生活、夫妻生活、家庭生活中，甚至是学校或职场中，感恩是关系的维生素。注意，这不是指做老好人，而是做真实的自己！

难道要等到失去我们的亲人才去表达我们所有的爱吗？难道要等到住进医院才去赞颂健康的快乐吗？难道要等到孑然一身才去珍惜陪伴吗？难道要等到“出了问题”才意识到“以前很好”吗？如果我们不时刻警惕，我们的意识可能任凭所有坏消息填满，以至于再也没有位置去迎接那些好消息。我们可以注意这种意识卫生，关心我们“内心汽化器”上的“污垢”，清理我们的火花塞，检查点火装置，尤其是确保我们的燃油质量：我们是更多地为好消息燃烧，还是更多地为坏消息燃烧？

友好的意识

一天，一位贝都因导游对我说：“悲伤是我们这里没有的一种病毒。如果某个人悲伤了，他会立即得到倾听和安慰，于是会很快找回关心他人的快乐。”

在那些在沙漠地区进行的巡回专题研修班中，我每一次都被沙漠里友好的人际关系所触动。在驼队或驴队中，人与人之间有一种凝聚力、一种融合性，这令我惊叹。就好像每个人都有一个雷达，用于接收对方的需求，同时尊重自己的需求。这让我觉得，凭借着在既严峻又被剥夺了一切多余物质的环境中一起生活的力量，他们培养了一种意识和心灵的敏锐度，我称之为友好意识。这种友好意识尤其集中了尊严与谦逊、自治与归属感、诚实与融合、自由与责任心、与自己相处和与他人相处、个人意识与宇宙意识等作为它的补充。

我们可以开发这种雷达、这种意识和心灵的敏锐度。这是我在前面提到的发言或共修小组的好处之一：培养一种共同意识、友好意识。

在我们这个快速变革的世界中，我们群体的凝聚力和融合性在各个层面对我而言都是用来制止排外、孤立和明枪暗箭的暴力这一机器的重中之重。

结 语 耕耘和平

恶是什么，或者说被自己的干渴所折磨的善是什么？
——哈里利·纪伯伦[1]

暴力不是我们的本性

我越来越相信，与我一直以来在学校里学到的、与我在大学的心理学课上学到的，以及与我在人们口中听到的相反，暴力不是我们本性的表达。它是我们本性沮丧的表达。这是我的工作的前提假设。暴力在我们的需求未被承认或满足的时候用来表达我们的需求。如果我们的需求被承认了，或者更进一步，被满足了，我们还要暴力做什么？我越来越不相信“人之初，性本恶”，越来越相信痛苦和恐惧的力量，以及沮丧激发的力量。实际上，恶意是人们因自己的痛苦没有被关心（或者没有机会被关心）而做出的痛苦的表达。如果我们能说出

1 哈里利·纪伯伦（Khalil Gibran，1883—1931），黎巴嫩作家，阿拉伯文学的主要奠基人。——编者注

自己的痛苦或恐惧，哪怕是最私密、最禁忌的，分享或探讨我们的沮丧，哪怕是最不可告人的，那么您不认为我们可以充满力量和想象地共存，而不是互相侵犯吗？如此多的暴力行为都起因于沮丧未被意识到，更不必说未被说出来或未在善意的氛围中被分享。

暴力，一种旧习惯

我们那悲哀的旧习惯让我们相信解决一场冲突的最终手段是暴力，而我们任凭自己编制这样的程序。我们现在知道了还存在其他解决冲突的方式，因此我们可以开始解除暴力的程序。于是，我们给这一旧系统“解码”，想象着有一天在战争博物馆的旁边，还会有一座家庭暴力、夫妻暴力、部落暴力、政治暴力、种族暴力和宗教暴力的博物馆，在那里，我们的后代子孙将了解到，在电子邮件和互联网时代，大部分人还不懂得如何表达自己、倾听自己，更不必说真正地理解自己。

没有什么比“这是个人吃人的社会”“人们总是打架”或者“人是不会变的”诸如此类的旧信条更让我恼火的了。这种认命，甚至可以说是犬儒主义，在为未来的暴力铺床，培养着下一个儿童性侵犯者，武装着下一场战斗。我需要我们每个人都意识到我们个人为改变做出贡献、脱离暴力并为新的共同意识努力的权利。

我每天都怀着一个梦想，坚信正是这些梦想使我们跨过大海或沙漠，去发现新大陆。如果说牛仔裤和T恤、可口可乐和双面剃须刀在最近几年被全世界认识和使用，以至于它们构成了一种世界性的共同文化，那是因为它们符合一种需求：服装和可乐带来了舒适、幸福、简单、身份和对世界群体的归属感，而剃须刀带来了卫生、方便和效率。我在世界各大洲遇到过许多接受了这种共同文化中的一些要素的人，但我也常常看到同样是这些人，他们也严格地秉持着当地或家庭的传统。那么，为什么我们不能贡献于一种既具有共同文化，又不会危害自我认同的沟通方式呢？

由于我在引言中提到的它的“全面性”（因为它适用于与自我的内在关系、夫妻间和家庭成员间的人际关系、职场和社会关系，而且因为它尊重所有的宗教、精神、哲学和政治敏感性，最后因为它倡导一些被我们视为人类共同财富的价值观），所以有意识的非暴力沟通，与其他类似方法一起，被列入了对地球村的关系模式的研究中。我希望，正如雅克·萨罗梅所言，沟通能够被纳入全世界的教学计划，成为一门与语言或计算机一样基础的课程。想象一下，如果今天攻读外语或计算机硕士学位的所有人也同时学习心灵的语言，世界将变成怎样？

我也希望有一天能遇到一些有远见的部长，比如国民教育部长、公共健康部长、国内安全部长、司法部长，甚至国防部长，他们将最终愿意在我们的关系模式的可持续变革中投资，因为他们意识到，如果不是出于人类内心的动力，世界将不会发生任何可持续的改变，而他们将愿意投身于努力开发他们的自我意识。想象一下，将有越来越多的人意识到——在此我把于贝尔·雷弗的原话重新发挥一下——暴力和缺乏沟通不是一个大问题，而是70亿个小问题。将有越来越多的人感觉到被引导着对我们的日常态度负责，关心我们的意识卫生："我所说的、我所做的、我所想的、我的意图和我的计划是有益于团结还是分裂，是有益于分歧的和解还是不同意见的对立，是有益于和平还是战争？"

正是这种意识，使我们能够期待自在、安全和快乐地居住在这个仍然鲜为人知的新大陆上：它就是关系。这难道不是第三个千禧年的伟大挑战吗？

耕耘和平

我想，我们每个人都会凭着人的尊严去接受我们在这一责任中应承担的部分。我希望——这是一直萦绕在我心头的梦想——越来越多的男人和女人意识到这一点并欣然认可这一责任，在他们的日常生活中承担起这一责任，在他们所在之地，用他们掌握的方法，如此这般快乐地为人类的幸福做出贡献。因为我相信，如果我们每个人不像一位园丁关心他的花儿那样每天关心自己内心的和平，这个世界就不会和平。让我们开始培育我们内心的和平吧。之后，它将散发光芒，传播开来：和平，是有感染力的！

需求清单

生存
住所
空气
水
运动、锻炼
食物
休息、永久性
安全、保护

食粮（广义）
感情
热量
舒适
甜蜜
放松、松弛、愉快、娱乐
敏感性
关心、注意、陪伴
温柔
触碰

自我表达
成就、实现
行动
学习
创造性
成长、演变、现实化、
发展、治愈
产生、起源、参与掌控

自主性
自我肯定
拥有自己的权利
自己选择、决定
独立
自由
孤独、平静、安静、自己的
时间/空间

完整性
真实、诚实
目标、方向、知道去哪里
了解自己
确定价值观、梦想、愿景
平衡
自尊
尊重自己
节奏、融入集体的时间
自我价值与自我定位的意义

智力方面
清楚、理解（通过思考、
分析、辨别、经验）
一致性、适合性
简明
意识
探索、发现
信息、知识
准确
简单
激励

需求清单

社会方面

接受
友谊
爱情、感情
归属感
欣赏
沟通
陪伴
商议
信任
联络
接触
给予、服务、贡献
倾听、理解、同情
公平、公正
表达
诚实、透明
互相依赖
亲密
分享、交流、合作
在场
亲近

精神方面

爱情
美、审美观
信心、拿得起放得下
希望
存在
最终目标
和谐
启发
快乐
秩序
和平
神圣
宁静
沉默
超然

需求清单

赞美生活
（接纳生活的各个阶段和
不同方面）

思想、感情的相通
哀悼、失去
接待
认可（共鸣、反响、反馈）
尊敬、重视
安全（可靠、依靠、
保密、谨慎、稳重、
忠实、永久、持续、
结构、基准等）
支持、协助、帮助、
安慰、宽容、
接纳差异性、开放
节日
对生活本身的
活力的兴趣
幽默
游戏
出生
感恩
仪式化

感觉清单

我们在需求得到满足时体会到的感觉

自在
全神贯注
充满感情
惊呆
敏捷
缓和
轻快
友好
恋爱
满怀爱意
钟情
开心
活跃
满怀感激
满怀热忱
满足
专注
七重天
至高无上
兴高采烈
冒险
心满意足
心情好
心烦意乱
平静
被征服

聚精会神
被迷住
温暖
满足
同情
专心
关心
信任
舒服
沾沾自喜
充满勇气
好奇
放松
解脱
轻松
非常惊讶
眼花缭乱
兴奋
愉快
来电
激动
感动
欣喜
受到鼓舞
充满能量
激情燃烧

入迷
诙谐
热情澎湃
充满活力
喜笑颜开
吃惊
轻率
清醒
激昂
激动
感情外露
膨胀
期望
狂喜
感情丰富
被迷住
骄傲
欣喜若狂
快活
被激励
信心十足
充满感激
陶醉
渴望
和谐
幸福

惬意
心情愉悦
情绪活泼
迫不及待
置身其中
无忧无虑
灵感迸发
感兴趣
惊奇
喜出望外
快乐
欢天喜地
自由
欢喜
满足
乐观
平静
和平

容光焕发
愉快
乐于助人
亲近
喜悦
温和
清爽
振奋
宁静
放心
非常高兴
体力恢复
喜气洋洋
得到安慰
感谢
高兴
充满希望
精力恢复

满意
安全
被触动
敏感
平静
惊愕
释然
受到刺激
保持警惕
过度兴奋
满怀柔情
感动
安静
乐不可支
充满生气
活力四射
生机勃勃

感觉清单

我们在需求未得到满足时体会到的感觉

气馁
不堪重负
饥饿
被折磨
失常
恼火
激动不安
被激怒
惊慌
灵魂受煎熬
苦涩
不安
满腔仇恨
焦虑
无动于衷
受到惊吓
充满恐惧
渴
厌恶
受伤
受阻
忧郁
悲伤
被冒犯
心碎
担心
混乱

惊愕
不快
发怒
胆怯
厌烦
好奇
心痛欲裂
困惑
狼狈失措
泄气
受挫
憎恶
为难
士气低落
软弱无力
难以应付
气恼
消沉
被打扰
失望
无言以对
心软
绝望
遗憾
解脱
痛苦
十分惊讶

心神不宁
恶心
被吓倒
尴尬
被烦扰
被纠缠
昏昏欲睡
神经紧张
烦恼
狂怒
妒忌
惊恐
痛苦
筋疲力尽
极度疲乏
吃惊
恼火
超出极限
激动
恼怒
疲倦
暴怒（疯狂）
精疲力竭
脆弱
胆小
沮丧
提防

脾气差
怀恨在心
令人紧张
犹豫
惭愧
恐怖
战栗
心不在焉
坏情绪
不耐烦
无能为力
不舒服
不轻信
优柔寡断
冷漠
无精打采
惰性
不满
不安全
不敏感
不稳定
利益相关
伤脑筋
被激怒
嫉妒
厌倦

迟钝
沉重
糟糕
不适
不幸
腻烦
阴郁
不高兴
多疑
伤感
萎靡不振
郁闷
被侮辱
疲惫不堪
痛心
神经质
紧张不安
惊慌失措
懒散
偏激
困惑
悲观
惧怕
软化
满腹怨言
不露声色

有所保留
怨恨
踌躇
破裂
饱和
怀疑
震惊
孤单
晕厥
凄惨
担忧
难受
被压垮
惊讶
沉默寡言
紧张
受到惊吓
不冷不热
摇摆不定
受折磨
发抖
伤心
心绪不宁
害怕
生气

含有解读和评判的感觉清单

以下是常用的表示感觉的词语，但它们实际上是针对别人对我们所做的事的一些评判或解读

被放弃
被愚弄
陷入绝境
被抢走
被攻击
傻
被责备
被吓唬
有罪
被轻视
被抛弃
被讨厌
被贬低
被削弱
被控制
上当了
被排斥
被压垮
被骗了
被压抑
受骗了
被藐视
被骚扰
被侮辱

被无视
不恰当
无能
不被理解
不称职
被凌辱
被恐吓
视而不见
被孤立
被丢弃
被评判
被忽略
被操纵
被像母亲般照顾
可怜的
被威胁
被鄙视
被排挤
被禁锢
被施加压力
被忽视
被否定
一无是处

不被接受
不被爱
不被信任
不被倾听
不重要
不被需要
被陷害
被践踏
被保护
受到屈辱
被彻底改变
被拒绝
被奚落
名声被玷污
毫无价值
愚蠢
劳累过度
遭到背叛
搞错了
被利用
被打败
被侵犯
被盗

致　谢

我首先要感谢马歇尔·卢森堡，我从他那里接受了非暴力沟通的培训。遇见马歇尔和他教授的课程使我恢复了活力，因为当时我正在变成“一个友善的死人”！凭借这个理解自我和他人的清晰、一致、完整的过程，我从根本上改变了我的职业生活和情感生活。

其次，我要感谢安娜·布里——非暴力沟通课程的培训师。在她的帮助下，我有幸从我自身破解和澄清了一些曾使我的生活十分艰难的基本问题。瓦莱丽——我的妻子和我会把她对我的帮助珍藏在心中。

我还从内心深处感谢居伊·科尔诺为本书撰写了序言并始终鼓励我写作这本书。在我俩多年的合作和友谊中，他的人格的伟大与仁慈和他对生活的信仰感动和启发了我。他曾告诉我，他喜欢把看上去复杂的心理学问题用简单的语言表达出来，从而使每个人都能够通过更好地理解自己和更多地爱自己而真正变成自己生活的创造者。

我还要感谢皮埃尔－贝纳尔·韦勒日——非营利性协会“警察与流氓”的创始人。他在我们10多年来共同从事的问题青年工作中，唤醒了我去倾听心灵的声音：不加评判地倾听，为了更好地理解和爱而倾听。

我必须感谢在研讨会、个别面谈或报告会中给予我信赖的所有人。正是由于我们的坦诚相见和我们经历过的那些美好的转变，才诞生了这本书的构想。

最后，我还要感谢瑞士、法国和比利时的非暴力沟通课程的所有培训师们，我为和他们一起工作而感到荣幸，感谢他们的友爱和支持。

我还要无尽地感谢莉莉安·马吉耐心地辨认我的手写笔记。

書知心

第四辑

《窥视职场中的冷暴力》

[法] 玛丽—弗朗斯·伊里戈扬 著 祝华 译

在职场中，每个人都是潜在的骚扰者，也可能是未来的受害者。认清精神骚扰的本质，能让我们在职场中活得更明白、更自信！

《醒醒吧，老好人！》

《谁是操纵者》

[法] 让—夏尔·布舒 著 梅涛 译

神话中的美少年那耳喀索斯因过分眷恋自身倒影而溺亡，而现实中的我们若能理性地感知自我，或许能以更加平和自爱的方式，过好自己的生活。

《放下包袱，享受幸福》

[法] 托马斯·德·昂桑布尔 著 曹淑娟 译

幸福悄无声息，它未曾远离我们，却时而让我们产生错觉，认为眼前的幸福不属于我们。其实，苦苦追寻幸福的人未必能如愿，理解幸福的人才能与之相伴。